Karin-Elisabeth Wallner

Keine Chance dem Burn-out!

Die Kunst, einfach gut drauf zu sein

VERITAS

www.veritas.at

Bildnachweis:
Hametseder Waltraud, Wallern: U1/4, 65/1-2, 66/1-5, 67/1-5, 70/1-3, 71/1-5, 72/1-6, 74/1-5, 75/1-4, 76/1-2
Stockbyte: U1/1

Textquellennachweis:
33: Tania Konnerth; Als der Tag nicht aufstehen wollte: Aus der Schatzkiste des Lebens. HERDER spektrum Bd. 7068. © Verlag Herder GmbH, Freiburg i.Br. 2008

38: Thich Nhat Hanh; Die folgenden Worte Buddhas: Umarme deine Wut; S. 132 © Theseus Verlag, Berlin 1992

50: Peter Turrini; Das NEIN: Ein paar Schritte zurück. © Suhrkamp Verlag Frankfurt am Main 2002

95: Tania Konnerth; Von der endlosen Reise: Aus der Schatzkiste des Lebens. HERDER spektrum Bd. 7068. © Verlag Herder GmbH, Freiburg i.Br. 2008

99: Dalai Lama; Wir brauchen nicht mehr Geld: aus: Die Regeln des Glücks. © 1999 Verlagsgruppe Lübbe GmbH & Co. KG, Bergisch Gladbach

100: Dalai Lama; „Liebe, Mitgefühl und ein aufrichtiges Interesse...": Jeffrey Hopkins (Hg.): Die Liebe - Quelle des Glücks. Aus dem Amerikanischen von Johannes Tröndle. © deutsche Übersetzung: Verlag Herder GmbH, Freiburg i.Br. 2005

Der Verlag hat sich bemüht, alle Rechtsinhaber ausfindig zu machen. Sollten trotzdem Urheberrechte verletzt worden sein, wird der Verlag nach Anmeldung berechtigter Ansprüche diese entgelten.

1. Auflage (2009)
Gedruckt in Österreich auf umweltfreundlich hergestelltem Papier
Lektorat und Projektbegleitung: Anna Jungreithmayr, Linz
Herstellung, Layout und Umschlaggestaltung: Julia Pölzgutter, Linz
Umschlagfotos: Stockbyte
Bildredaktion: Renate Sauert, Linz
Satz, Montage, Offsetreproduktion: dtp Veritas, Linz
Druck, Bindung: LVDM Landesverlag-Denkmayr, Linz

ISBN 978-3-7058-7925-6

Inhalt

Die Kunst, einfach gut drauf zu sein

... aber wenn ich noch einmal anfangen könnte, würde ich versuchen, nur mehr gute Augenblicke zu haben! Falls du es noch nicht weißt, aus diesen besteht nämlich das Leben!

Jorge Luis Borges (mit 85 Jahren)

Sie möchten es. Er möchte es. Du, wir **alle** möchten es ... **einfach gut drauf sein** – und zwar jetzt und zu jeder Zeit. Das bedeutet Anerkennung und Erfolg im Beruf sowie ein erfülltes Privatleben.

Wir sind jedoch ständig auf Hochtouren, hetzen durch das Leben, bestimmt durch einen enorm hohen Leistungsanspruch. Und so meinen wir, immer schneller und perfekter werden zu müssen.

Sten Nadolnys Werk „Die Entdeckung der Langsamkeit" findet sich in vielen Bücherregalen, denn alleine der Buchtitel hat bereits magische Kraft. In diesem Wechselbad der Gefühle sind wir ständig versucht, das Richtige zu tun, auf der gleichzeitigen Suche nach unserem eigenen Wohlfühlen.

Sie sind LehrerIn? Dann haben Sie doch jeden Grund, gut drauf zu sein. So jedenfalls sehen es die meisten Leute.

Sie haben Ferien, einen erfüllten Lebensalltag, den Sie selber gestalten können, haben eine Aufgabe, die Sinn macht, haben das Glück, im Umgang mit jüngeren Menschen selber kreativ und jung zu bleiben, bekommen Rückmeldung über Ihr Wirken und haben somit die Chance, sich ständig zu verbessern ...

Wie ist er nun tatsächlich, Ihr schulischer Alltag? Sie haben eine sehr verantwortungsvolle Aufgabe übernommen, die Sie zumindest irgendwann einmal schön gefunden haben oder hoffentlich noch immer schön finden.

Und doch kommt es vor, dass Sie manches Mal mit sich unzufrieden sind – eben nicht so gut drauf sind oder das Gefühl haben, mehr leisten zu müssen –, dass Sie sich immer öfter immer weniger von Ihrer Arbeit distanzieren können, „die Schule" mit nach Hause nehmen (oder in den Urlaub). Oder dass Sie frustriert sind, weil „Ihre Kinder" Ihre Begeisterung nicht teilen ...

Wenn Ihnen eine oder mehrere dieser Situationen vertraut sind, dann sollten Sie dieses Buch lesen! Allerdings sollten Sie sich dafür etwas Zeit nehmen, etwas, das für Sie sehr kostbar und schwer zu finden ist.

Die Sehnsucht, möglichst immer gut drauf zu sein, hängt natürlich auch entscheidend von äußeren Faktoren ab.

Wann sind wir gut drauf? – Wenn wir Raum und Zeit für uns haben, wenn wir geschätzt und anerkannt werden, wenn das, was wir tun, Sinn macht. Und nicht zuletzt, wenn wir geliebt werden, weil wir die/der sind, die/der wir sind. Nicht nur wir sind dann gut drauf ... auch unsere SchülerInnen, KollegInnen, FreundInnen, alle, die das Glück haben, mit uns zusammen zu sein.

Also los – lassen Sie sich nicht aufhalten! Dieses Buch soll eine überzeugende Erinnerung sein, dass wir zu viel **tun** und zu wenig **leben**.

Die einzelnen Kapitel führen Sie hin zu mehr Glück, innerer Balance, Aktivität und Entspannung, Tempo und Langsamkeit, zu mehr **Wohl-Sein** und Lebensqualität.

Lesen Sie die Kapitel so, wie Sie gerade „drauf sind"! Es ist nicht notwendig, das Buch von vorne nach hinten zu lesen. Gönnen Sie sich, worauf Sie gerade Lust haben! Sie finden – je nach Lust und Laune – konkrete Tipps und Anleitungen oder Anregungen zur Selbsterkenntnis.

Verwenden Sie dieses Buch auch als Arbeitsbuch, als lebendiges Werk für Ihre Bedürfnisse, zu denen Sie jederzeit etwas nachlesen können.

Ich lade Sie hiermit ein innezuhalten und das Nichtstun ohne schlechtes Gewissen als kreative Pause zu begreifen.

1. Keine Chance dem Burn-out

Als ich eingeladen wurde, ein Buch zu schreiben, fühlte ich mich sehr geehrt. Lange zuvor wollte mich ein lieber Freund, mit dem ich oft über meine beruflichen Erfahrungen sprach, zum Schreiben motivieren. Ich liebäugelte damit, allein was mir fehlte, war Zeit, Zeit, die ich nicht hatte oder die ich mir nicht **nehmen** wollte – womit wir bereits beim Thema sind.

Neulich traf ich eine Bekannte, deren Tochter Lehrerin ist. Sie erzählte mir, dass diese ein Burn-out habe. Sie schilderte es mit demselben Ausdruck, wie jemand sagen würde: Sie ist gerade erkältet. Als Einstieg scheint es mir demnach sinnvoll, auf das mittlerweile allgegenwärtige Thema Burn-out einzugehen, um dann in weiterer Folge mein Hauptaugenmerk auf die Kunst, einfach gut drauf zu sein, zu legen. Würden wir ausschließlich das Burn-out fokussieren, wäre die Chance sehr groß, es selbst zu erleben. Sie kennen sicherlich den Fluch der Beipacktexte der Medikamente. Sobald Sie sich auf die Nebenwirkungen konzentrieren, ist die Chance, diese zu bekommen, bereits vorprogrammiert. Ich kenne viele MedizinstudentInnen, die beim Studium medizinischer Fachbücher sämtliche Krankheitssymptome bei sich wahrnehmen.

„Burn-out" ist eine mittlerweile gängige Klassifikation für einen Zustand der totalen Erschöpfung, der bereits einen Gegenspieler hat, nämlich das **Bore-out**. In beiden Fällen geht es um ein **Zuviel**. Ein Zuviel an Einsatz oder ein Zuviel an Langeweile.

Der Psychoanalytiker Herbert **Freudenberger** hat den Begriff „Burn-out" 1973 erstmals verwendet. Unter Burn-out (engl.: *to burn out,* ausbrennen) wurden ursprünglich die negativen Folgen der beruflichen (Über-)Beanspruchung mit gemütsmäßiger Erschöpfung, innerer Distanzierung und Leistungsabfall bezeichnet. Früher wurde es als Stresssyndrom der helfenden Berufe beschrieben, gemeint waren die Folgen von schlechten Bedingungen, unter denen viele gute Leute tätig sind. Freudenberger hat das Burn-out bei ÄrztInnen, Pflegepersonen, LehrerInnen und SozialarbeiterInnen diagnostiziert, die durch häufigen Krankenstand, Arbeitsunfähigkeit und Frühpensionierung auffielen. Als Ursache erkannte er eine besonders hohe Arbeitsbelastung, gepaart mit großem persönlichem Engagement – beides führt zum „Ausbrennen", zu einer besonders ausgeprägten beruflichen und/oder familiären Erschöpfung.

Allerdings gibt es viele Gründe, die zum Burn-out führen können. Manche WissenschaftlerInnen sehen in einer mangelnden Autonomie, in Rollenkonflikten, Unklarheit in der hierarchischen Struktur und unzureichender Unterstützung durch Vorgesetzte die Ursachen. Andere wiederum betonen, dass zu hohe persönliche Erwartungen an die eigene Leistung und erhöhter Einsatz, verbunden mit ständiger Frustration, massiv erschöpfen. Eine andere Theorie sieht in Beziehungskonflikten die Ursache des Ausbrennens.

Meine Erfahrung zeigt mir, dass viele Burn-out-Betroffene mit einer Sinnleere kämpfen. Vor dem Burn-out wird viel gearbeitet, um der Sinnleere scheinbar zu entfliehen. Wenn aber der Sinn des Lebens nicht gefunden wird, kommt es noch rascher zu Erschöpfung.

In meiner Praxis erlebe ich bestimmte **Persönlichkeitstypen**, die besonders anfällig sind:

- PerfektionistInnen: Ein perfektionistischer Mensch strebt nach mehr, nach dem Unerreichbaren. Kompromisse sind nicht sein Ziel. So steigt er häufig in das Rad der Überlastung.
- Menschen mit dem sogenannten Helfersyndrom: Versagte Zuwendung in der Kindheit soll durch soziale Tätigkeiten kompensiert werden. Der „hilflose Helfer" gibt anderen die Zuwendung, die er selbst nicht bekommen hat und gerne empfangen möchte. So versucht er das eigene labile Selbstwertgefühl durch Aufopferung an eine große Aufgabe zu stabilisieren.
- Ja-SagerInnen: Menschen, die sich schwertun, eigene Grenzen zu erkennen und/oder diese anderen zu setzen. Diese Schwierigkeit ist häufig auch mit einem Helfersyndrom gekoppelt.
- Menschen mit einem übersteigerten Ehrgeiz: Sie definieren ihren Selbstwert anhand ihrer erbrachten Leistungen. Das sind diejenigen, die Zuneigung und Liebe dann erfahren durften, wenn sie erfolgreich waren.
- Menschen mit einem überstarken Streben nach Selbstdarstellung: Sie sind auf der Suche nach Aufmerksamkeit und Lob, um den eigenen Wert aufzupolieren.
- Menschen mit einem Hang zur Überschätzung: Manche Menschen überschätzen ihre berufliche Qualifikation und ihre Fähigkeiten. Oftmals werden sie auch aufgrund ihres „blinden" Ehrgeizes in eine Position gehievt, in der sie maßlos überfordert sind.

Es soll Sie nun nicht erschrecken, wenn Sie sich irgendwo in der Typologie wiederfinden – das ist durchaus normal. Diese genannten Punkte treffen in irgendeiner Form auf jeden Menschen zu. Wir alle wurden „erzogen", genauso wie unsere Eltern und deren Eltern usw. Und wir alle sind auf der Welt, um zu lernen. Einem bestimmten Persönlichkeitstyp zu entsprechen, stellt noch keinen Direktbezug zum Burn-out-Syndrom dar, es weist lediglich auf die erhöhte Anfälligkeit hin. Doch wie heißt es so schön: Wenn ich etwas erkenne, kann ich auch etwas dagegen tun.

Burn-out ist immer als ein Prozess zu verstehen, der in verschiedenen Phasen abläuft. Freudenberger spricht von einer Entwicklung aus einem empfindsamen zu einem empfindungslosen Stadium.

- Empfindsames Stadium: Es wird viel Energie eingesetzt, um große Leistungen zu vollbringen. Dabei auftretende negative Gefühle finden aber keine Beachtung und die chronische Müdigkeit wird verdrängt.
- Empfindungsloses Stadium: Symptome wie Gleichgültigkeit, Schuldzuschreibungen an die Umwelt, Angst, nicht anerkannt zu sein, und Desorientierung treten auf.

In der Anfangsphase eines Burn-outs zeigen die Betroffenen besonders großes Engagement für bestimmte Ziele. Es wird freiwillig Mehrarbeit geleistet, indem eigene Bedürfnisse zurückgestellt werden. Verstärkend wirkt das Gefühl, unentbehrlich zu sein. Das bedingt natürlich einen deutlichen Energieverbrauch. Körperlich erleben die Betroffenen chronische Müdigkeit infolge des Energiemangels. Dies führt zu einer zunehmenden Einschränkung zwischenmenschlicher Kontakte, wohingegen Ablenkung und Trost im Alkohol, Tabak oder Essen gesucht wird.

Nach und nach wird das Überengagement durch eine deutliche Erschöpfung förmlich ausgebremst. Die Betroffenen scheinen weniger belastbar zu sein und haben das Gefühl, sich nicht mehr erholen zu können. Schlafstörungen sind an der Tages- oder besser Nachtordnung. So ist es auch nicht verwunderlich, dass die Stimmung darunter leidet und es tatsächlich keinen Grund mehr dafür gibt, gut drauf zu sein. Wie sehr sich der Körper gegen diese Überforderung wehrt, zeigt er auch in einer erhöhten Infektanfälligkeit. Er signalisiert dadurch sein notwendiges Bedürfnis nach Ruhe und Erholung. All die genannten Symptome drängen den Betroffenen förmlich zu einem Rückzug, der natürlich von ihm selber nicht gutgeheißen wird. Schuldzuweisungen an andere oder an sich selber sind die Folge. Ab diesem Zeitpunkt hat der „Ausgebrannte" das Gefühl, ausgenützt und nicht entsprechend anerkannt zu werden.

In diesem Stadium können die Probleme allerdings noch erfolgreich gelöst werden. Dauern diese jedoch länger an, kommt es zu einem absoluten Abbau des Engagements, der folgendermaßen sichtbar wird: Desorganisation und Unsicherheit fallen auf, Gefühle wie Gleichgültigkeit, Einsamkeit, die sich aus dem vermehrten Rückzug ergeben, und die berühmten „Losigkeitsgefühle" übernehmen den Betroffenen. Es ist mit ihm alles los, was auf „-los" endet (interessenlos, antriebslos, entscheidungslos bis hin zu hoffnungslos). Sie kennen den Ausspruch: „Die Hoffnung stirbt zuletzt!" Im Endstadium des Burn-outs steht existenzielle Verzweiflung. Die Einstellung zum Leben ist überwiegend negativ und das „Ausgebranntsein" wird zur Depression. Zuletzt folgt totale Sinnlosigkeit, die teilweise im Suizid endet.

Die Burn-out-Phasen kann man folgendermaßen einteilen:

- Enthusiasmus
- Stagnation
- Frustration
- Apathie
- Burn-out

Diese Abläufe lassen sich sehr gut an den helfenden Berufen, vor allem bei LehrerInnen aufzeigen. Ich kenne viele Ihrer KollegInnen, die mit Idealismus und Enthusiasmus an ihre Lehrtätigkeit herangegangen sind, um dann bald merken zu müssen, dass Theorie und Praxis zwei Paar Schuhe sind. Wenn nun durch das

Handeln der gewünschte Erfolg ausbleibt, kommt es bei manchen Menschen zu Stagnation und in weiterer Folge zur Frustration. Sie kennen vielleicht KollegInnen, die im Besonderen mit den SchülerInnen auf sehr zynische Weise verfahren. Dieser unbefriedigende Zustand führt in die Phase der Apathie, in der die berufliche Tätigkeit nur mehr unter größter Anstrengung ausgeübt werden kann. Von der anfänglichen Freude am Beruf ist nichts mehr übrig geblieben. Man ist unmotiviert, „entleert" und kann sich zu nichts mehr aufraffen, weder beruflich noch privat. Hält dieser Zustand an, kommt es zum Burn-out und damit häufig zu familiären Schwierigkeiten bis hin zur Berufsunfähigkeit.

Falls es bis heute keinen tatsächlichen Grund für Sie gab, dieses Buch zu lesen, **jetzt** – nach den Ausführungen zum Burn-out – haben Sie einen! Ich lade Sie nun ein, sich vom Gedanken an das Burn-out zu befreien:

Schütteln Sie sich frei!
Stellen Sie sich schulterbreit und aufrecht hin. Beginnen Sie Ihren Körper auszuschütteln – in der Vorstellung, alles abzuwerfen, was Sie loslassen wollen. Verstärken Sie das Schütteln für insgesamt ca. 2–3 Minuten. (Falls Sie dabei beobachtet werden, laden Sie auch andere ein, mitzumachen – ein gemeinsames Schütteln ist, wie Sie sich sicher vorstellen können, noch lustvoller.)
Dann halten Sie ca. 1–2 Minuten inne, schließen die Augen und genießen die Auswirkung dieser wohligen „Selbstmassage".

Die wirkungsvollste Behandlung ist wie immer eine rechtzeitige und konsequente Vorbeugung. Dazu hilft Ihnen dieses Buch: Informationen und praktische Übungen wechseln einander ab, um so eine ausgewogene Abwechslung zu schaffen. Ich freue mich darüber, Sie ein Stückchen begleiten zu dürfen!

2. Auf der Suche nach einem erfüllten Leben

Was jeder Tag will, sollst du fragen.
Was jeder Tag will, wird er sagen.
Johann Wolfgang Goethe

Sie sind – vermutlich – auf der Suche nach einem erfüllten Leben. Was bedeutet es, ein erfülltes Leben zu haben? Viele Menschen sind ganz erfüllt von bestimmten Gefühlen und Empfindungen, wie z. B. erfüllt von Freude, Glück oder am schönsten von Liebe. Manche sind auch erfüllt von Trauer und bemerken in dem Moment, wie dieses Gefühl den ganzen Körper einnimmt.

Offenbar sehnen wir uns danach, unsere Ganzheitlichkeit zu spüren. Wie schön ist es, immer wieder, täglich zu der Erkenntnis zu kommen, dass dieser Tag heute erfüllt war, kein leerer oder unbedeutender oder sinnloser.

Ich erinnere mich an einen 86-jährigen Mann, der bei mir zum therapeutischen Gespräch war. Seine mich recht betroffen machende Aussage war: „Ich bin nun schon recht alt und musste erkennen, dass ich bis jetzt nicht wirklich gelebt habe. Meine Zeit war zwar ausgefüllt, mir war nie wirklich langweilig, ich habe zwei Firmen aufgebaut, habe nur geschuftet. Und jetzt haben meine beiden Söhne innerhalb eines Jahres beide Firmen in den Konkurs getrieben. In Wirklichkeit habe ich gelebt, um zu arbeiten und nicht umgekehrt: gearbeitet, um zu leben. Ich habe meine Ehe verspielt und nie wirklich über den Wert des Lebens nachgedacht. Erst jetzt komme ich dazu, mein Leben zu überdenken, und dies ist reichlich spät." Gott sei Dank noch nicht zu spät!

Der mittlerweile sehr gereifte Mann hat wohl diese Zeit und seine Erfahrungen gebraucht, um zu erkennen. Wir bekommen in unserem wunderbaren Leben immer wieder die Chance, unsere Werte zu überdenken. Wir spüren oft ganz genau, was gut und richtig für uns wäre, wagen uns aber nicht in die Veränderung. Tatsächlich gibt es nur zwei Gründe dafür, sein Leben oder in seinem Leben etwas zu verändern:

- Wenn wir einen entsprechend großen Leidensdruck haben. – Manche Menschen sind gigantisch in der Fähigkeit, Leid zu ertragen, frei nach dem Motto: Leiden ist leichter als lösen.
- Wenn wir von einer neuen Situation absolut angetan und begeistert sind. Das gibt uns ebenfalls Kraft zum Ändern.

Laotse meint: „Wenn du erkennst, dass es dir an nichts fehlt, gehört dir die ganze Welt." Ein erfülltes Leben zu haben bedeutet auch, es als solches wahrzunehmen, innezuhalten und zu feiern.

Bevor Sie erkennen können, dass es Ihnen an nichts fehlt, sollten Sie erkennen, was Sie tatsächlich **brauchen**. Wenn Sie Ihren Blick und damit auch Ihre Gedankenkraft auf Ihre Bedürfnisse richten, wird Ihr Leben immer erfolgreicher.

Menschen, die nie darüber nachdenken, werden ständig enttäuscht, da sie etwas anderes bekommen, als sie zu wünschen wagen.

Richten Sie jetzt Ihr Augenmerk ganz bewusst auf die Fragestellungen:

Was brauche ich, um glücklich zu sein?

____

____

Was brauche ich **jetzt**, in diesem Augenblick?

____

____

Diese zweite Frage führt uns zu der Erkenntnis, dass die wichtigste Stunde im Leben eines Menschen die Gegenwart ist. Die Zen-Buddhisten weisen darauf hin, dass Spiritualität darin besteht, einfach das zu tun, was gerade stimmt. Eine alte Geschichte dazu:

Drei Zen-Schüler waren in Sorge, welcher ihrer Meister der frömmste sei. „Meiner ist so fromm, dass er tagelang fasten kann", sagte der Erste. „Nicht schlecht", meinte der Zweite, „meiner ist so fromm, dass er nächtelang in der Meditation durchwacht." „Mag ja sein", sagte der Dritte, „mein Meister ist so fromm, dass er isst, wenn er hungrig ist, und schläft, wenn er müde ist."

Einfach den Augenblick wahrzunehmen und zu leben ist die höchste Kunst des Lebens. In der Wahrnehmung des Augenblicks liegt die Fülle. In der Erwartung die Enttäuschung. Wenn ich etwas Besonderes erwarte, einen besonders schönen Sonnenaufgang, eine besonders tolle, geplante Party oder eine ganz wunderbare Landschaft, dann werde ich blind für die Schönheit des Augenblicks. Lassen Sie sich in den Augenblick hineinfallen und genießen Sie ihn in vollen Zügen.

Wann sprechen Sie von einem erfüllten Leben? Geben Sie sich einige Minuten Zeit, darüber nachzudenken, und machen Sie sich Ihre Notizen:

____

____

Wenn Wünsche in Erfüllung gehen, sind wir glücklich. Aber auch wenn wir die Wünsche anderer erfüllen, macht uns genau dieses Schenken glücklich. Je nach Lebenssituation haben wir unterschiedliche Wünsche und auch Bedürfnisse. Ein hungriges Kind freut sich über das Essen, genauso aber können Nichthungrige mit einem bestimmten Essen im siebten Himmel landen. Wenn wir mit unserer beruflichen Situation zufrieden sind und unsere Tätigkeit uns erfüllt, dann fühlen wir uns wohl. Es ist erwiesen, dass mit dem Grad der Selbstbestimmung der Grad der Zufriedenheit steigt. Und wenn wir dann einem Menschen begegnen, der uns versteht, der uns aufmerksam und wertschätzend begleitet, und Energie und Liebe in uns fließt, dann sind wir erfüllt. Je mehr wir diese Erfüllung erleben, desto intensiver spüren wir sie im ganzen Körper. Es sind die Momente, in denen wir eins sind mit uns, mit den anderen, mit dem Universum. Wir fühlen uns stimmig, mittig, gesund.

Ein erfülltes Leben ist „sinn-erfüllt" und macht uns ein Stückchen „runder". Die nächste logische Frage, die Sie vermutlich schon erwarten, lautet: Was macht für Sie Sinn? Wie viel Sinnloses füllt Ihr Leben aus, und wie viel Sinnvolles gönnen Sie sich? Stellen Sie sich in Ihrem Leben immer wieder die **Wozu**-Frage, die eigentliche Sinnfrage! Viele Menschen fragen anstatt dessen nach dem **Warum**. Die Warum-Frage zielt in die Vergangenheit: Warum tue ich dies alles, habe ich das getan?

- Weil ich anderen zeigen wollte, wie gut ich bin.
- Weil ich mehr erreichen wollte als andere.
- Weil ich nicht genug kriegen konnte. …

Oft leben wir in einer Einseitigkeit und vergessen, dass unser Leben mehr zu bieten hat. Fragen Sie mit Wozu nach dem **Sinn**! – „Wozu lebe ich?"

3. Bringen Sie Ihr Leben in Balance

In einem Seminar führte Nossrat Peseschkian vier Einflussfaktoren an, die sich auf die Balance zwischen Beruf und Privatleben auswirken und in gegenseitiger Abhängigkeit stehen. Ausgehend von Peseschkians Work-Life-Balance habe ich das folgende **Lebensbalancemodell** entwickelt.

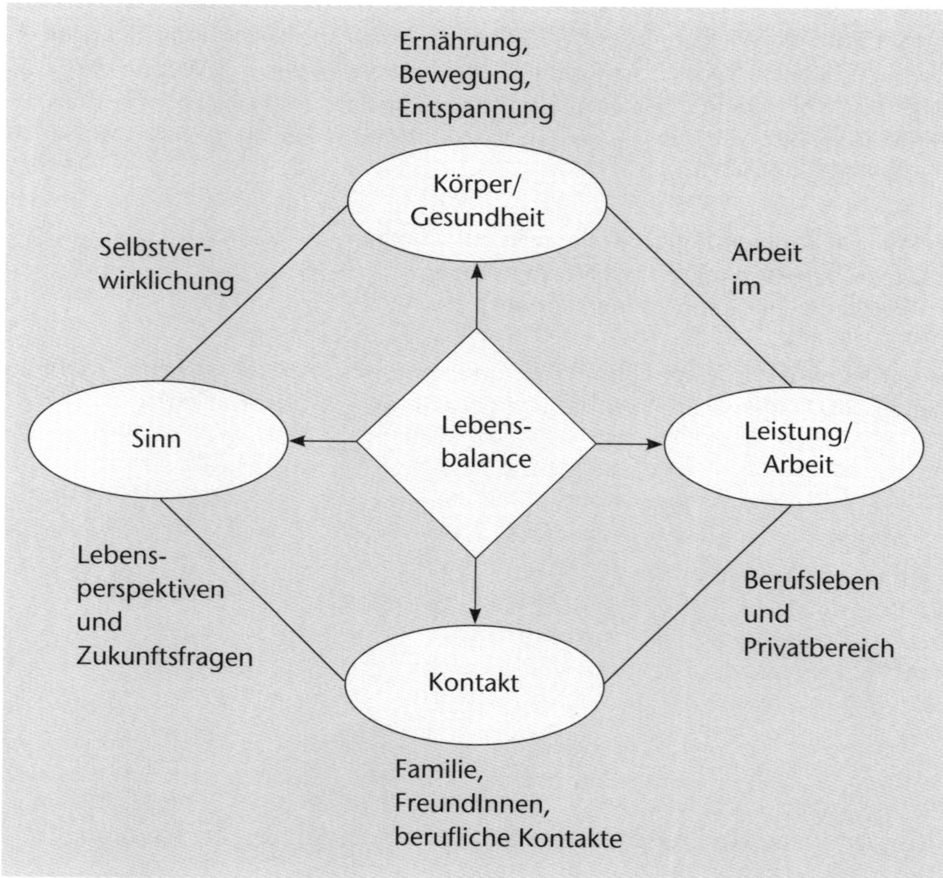

3. Bringen Sie Ihr Leben in Balance

Ich lade Sie nun ein, Ihre eigene Lebensbalance unter die Lupe zu nehmen (das Diagramm finden Sie auch als Download unter http://beruf-lehrerin.veritas.at):

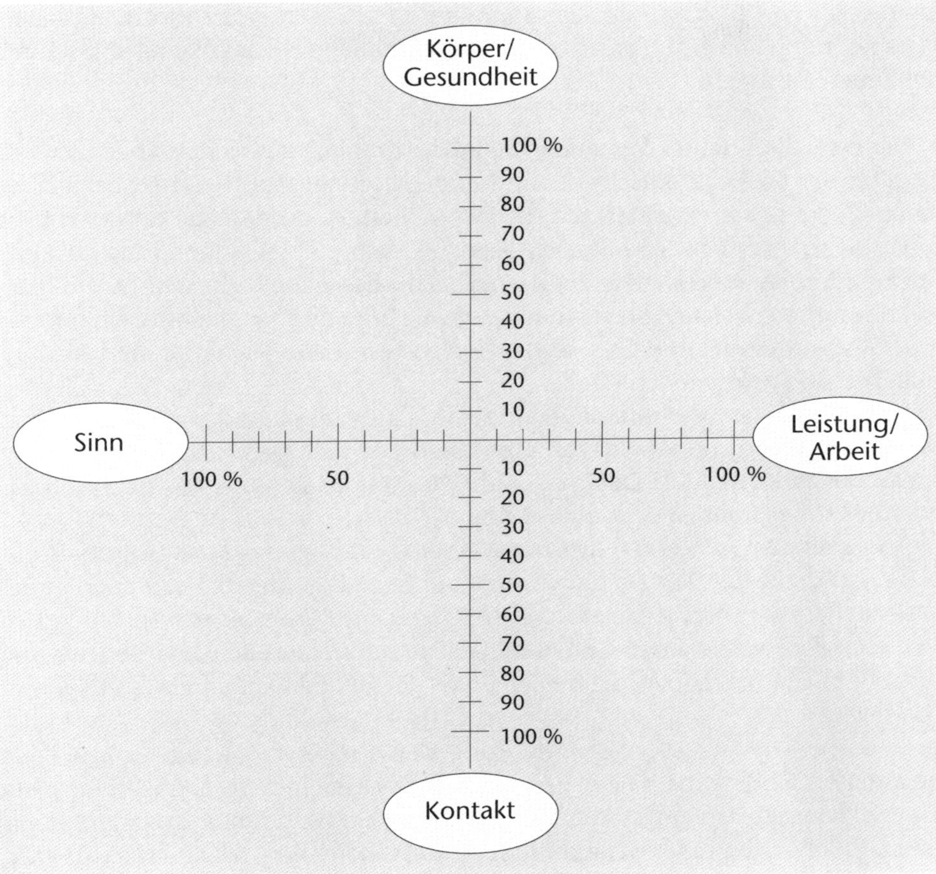

Nehmen wir an, dass Sie pro Lebensbereich 100 Prozent verfügbare Energie haben, also insgesamt 400 Prozent. Überlegen Sie Ihre derzeitige Lebenssituation.

- Wie viel Prozent Ihrer aktiven Zeit, Ihrer Energie und Aufmerksamkeit widmen Sie dem Bereich Arbeit und Leistung? Tragen Sie diesen Prozentwert auf der Koordinate ein.
- Wie viel Prozent investieren Sie in Körper und Gesundheit? Tragen Sie auch diesen Wert wieder ein.
- Wie viel Prozent reservieren Sie für Kontakte und private Beziehungen? Tragen Sie den Wert ein.
- Und wie viel Prozent räumen Sie der Beschäftigung mit Sinn- und Zukunftsfragen ein? Halten Sie diesen Wert ebenfalls fest.

Diese Prozentwerte sind natürlich rein subjektive Werte, die Ihrer jetzigen Wirklichkeit entsprechen. – Wie steht es also um Ihre Lebensbalance? Wenn Sie dieses Buch aufgrund des Sie ansprechenden Titels zu lesen begonnen haben, dann vermute ich, dass Ihre Werte im Leistungsbereich relativ hoch sind. Eine Überbetonung im Leistungsbereich führt zwangsläufig zu einer Vernachlässigung der anderen Bereiche.

Der erste Blick deutet meist auf eine Inbalance hin. Natürlich ist aber auch die Qualität der Bereiche entscheidend. So rate ich Ihnen, jeden Lebensbereich zu konkretisieren. Schreiben Sie zum Bereich **Arbeit**, was Sie genau und detailliert tun, und so verfahren Sie mit allen Bereichen. Ich empfehle Ihnen, sich bei der Konkretisierung auf die letzte Zeit (so ungefähr das letzte halbe Jahr bis ein Jahr) zu konzentrieren. Halten Sie dann fest, was Sie tatsächlich in diesem Zeitraum für Ihre **Gesundheit** getan haben, weiters welche **Kontakte** Sie hatten und wie Ihre **Zukunftsperspektiven** lauteten.

In einem weiteren Schritt bewerten Sie Ihre Konkretisierungen nach dem Grad der **Energetisierung**. Was davon gibt Ihnen Energie? Dafür steht ein **Plus** (+). – Was davon ist neutral? Dafür steht ein **Plus/Minus** (+/–). – Was nimmt Ihnen Energie? Dafür steht eindeutig das **Minus** (–).

Angenommen, Sie hören in einem Seminar, dass es für die **Gesundheit** gut wäre, jeden zweiten Tag zu joggen. Sie konnten dieser Idee bis jetzt aber immer widerstehen, vor allem auch, weil diese Art des Sports für Sie nicht ansprechend ist. In diesem Fall würde Ihnen ein derartiges Tun (entgegen allen sportbegeisterten Aussagen) Energie rauben. Sie merken, dass der zu überwindende Widerstand zu groß wäre.

Sind Sie allerdings von der Idee und deren Auswirkung überzeugt, dann bekommen Sie Energie. Für ganz wesentlich halte ich diese Betrachtung beim Thema **Kontakt**. Überlegen Sie also, ob Ihnen ein bestimmter Kontakt Energie gibt oder eher nimmt. Es ist eine Tatsache, dass Menschen, die als „stark" gelten, selbst in einer „energielosen Phase" sich immer wieder zu Menschen hingezogen fühlen, die Energieräuber sind.

Dann überlegen Sie den Grad der Energetisierung Ihrer Gedanken in der Auseinandersetzung mit dem Thema **Leistung/Arbeit** und dem **Sinn**thema.

Entscheiden Sie nun aufgrund der gewonnenen Erkenntnisse, worauf Sie in Zukunft besonders achten werden.

Dem nächsten Kapitel widme ich sehr viel Aufmerksamkeit, da durch Stress letzten Endes unser Wohlfühlen bestimmt wird.

4. Immer dieser Stress!

Stress ist, wenn eine Schildkröte versucht,
ein Rennpferd zu überholen.
Hans Selye

Sie haben Gangaufsicht. Kurz zuvor durften Sie in einer Klasse unterrichten, in der ein aufgeregtes Tohuwabohu herrschte. Der Grund dafür lag in einer vorausgegangenen Mathematikschularbeit, die offenbar nicht im Sinne der SchülerInnen verlaufen war. Sie versuchten die SchülerInnen zu beruhigen, Ihre eigenen Vorbereitungen fanden keinen Anklang …

Sie merken, dass Sie selber schon länger eine Verschnaufpause nötig hätten. Aber auch hier am Gang herrscht ein lärmendes, aggressives Durcheinander …

Eine typische Stresssituation – Ihr Körper ist in Alarmbereitschaft. Instinktiv würden wir in solchen und ähnlichen Situationen am liebsten die Flucht ergreifen.

Die Auseinandersetzung mit diesem Thema hat mir gezeigt, dass das am meisten strapazierte Wort der heutigen Zeit „Stress“ ist. Auf die Frage „Wie geht es dir?“ kommt sehr häufig die Antwort: „Danke, stressig.“ Was so viel heißt wie: „Ich habe keine Zeit.“ Es ist „in“, gestresst zu sein, es zeigt, wie wichtig und begehrt man ist.

4.1 Was ist eigentlich Stress?

Selbst der Forschung fällt es schwer, den Stressbegriff einheitlich zu fassen. Manche ForscherInnen sehen in Charles **Darwin** (1809–1882) den Urvater der modernen Stressforschung. Doch Darwin hat den Begriff Stress selbst nie verwendet. Seine Forschungen führten zu der Erkenntnis von „survival of the fittest“, d. h., nur diejenigen Lebewesen überleben, die imstande sind, sich den ständig ändernden Umweltanforderungen anzupassen.

Darwin vertrat die Ansicht, dass die Umwelt für alle Lebewesen eine ununterbrochene Bedrohung und Herausforderung darstellt. Das Anpassen an diese Herausforderungen bedeutet ein hohes Maß an Stress. Allerdings erkannte Darwin auch, dass dieses Anpassen eine Reaktion des gesamten psychophysischen Organismus darstellt – eine Hypothese, die durch die moderne Stressforschung mehr als hundert Jahre später bestätigt werden konnte. Dieser Stress führt demnach zu Veränderung und Entwicklung. – Wir brauchen also Stress, um uns **entwickeln** zu können.

Der amerikanische Physiologe Walter B. **Cannon** führte 1914 den Begriff „Stress“ ein, der vom lateinischen Wort *strictus* (stramm, gespannt) abgeleitet wird. Cannon sieht Stress als Sammelbegriff für Umwelteinflüsse wie z. B. Hitze, Lärm, die das innere Gleichgewicht, die Homöostase eines Organismus stören oder schädigen.

Cannons Stressbegriff wurde dann vom ungarisch-kanadischen Arzt Hans **Selye** (1907–1982) in den 1930er-Jahren übernommen, er gilt als **der** Stressforscher. Seiner Definition nach ist Stress die „unspezifische Antwort des Körpers auf **alle** Anforderungen, die an ihn gestellt werden, seien sie körperlicher, geistiger oder emotionaler Natur". „Unspezifisch" bedeutet, dass immer die gleiche körperliche Reaktion auftritt, unabhängig vom Stressauslöser. Jede Stresssituation, gleichgültig, ob es sich um eine Gefahren-, Überforderungs-, Konfliktsituation usw. handelt, läuft in derselben genetisch einprogrammierten Weise ab. Diese automatisch und ohne bewusste Steuerung ablaufende Stressreaktion garantiert, dass z. B. in Gefahrensituationen, in denen schnelles Handeln notwendig ist, alle verfügbaren Kräfte unverzüglich mobilisiert werden, um der Gefahr zu entkommen.

Selye unterschied auch zwischen dem lang anhaltenden, krank machenden **Disstress** und dem positiv empfundenen **Eustress**, der Gesundheit und Leistung fördert. Dennoch: Ein Zuviel ist ein Zuviel! So auch der als positiv empfundene Eustress, wenn er zu lange anhält und die Erholungs- bzw. Auftankphasen fehlen. Denn immer dann, wenn unser körperlich-geistig-seelisches Gleichgewicht gefährdet erscheint, wird unsere Gesundheit bedroht.

4.2 Viele Faktoren stressen

Physikalische Stressoren

Zu den physikalischen Stressoren zählen Lärm, Hitze, Kälte usw. Viele LehrerInnen beklagen den enormen Lärmpegel, der sich immer mehr zuzuspitzen scheint. Unsere Zeit ist lauter geworden. Mediale und technische Einflüsse machen sich bemerkbar. Die einst autoritäre Erziehung ist großzügiger geworden, unsere Kinder sind aufgefordert, mehr mitzureden.

Es ist wohl auch ein Preis der Großzügigkeit, sich durch Lautstärke in Erinnerung zu rufen und sich seinen Platz zu sichern. So ist es nicht verwunderlich, dass eine häufige „Stressdiagnose" in der heutigen Zeit Tinnitus aurium (Hörsturz, Ohrgeräusche) lautet. ÄrztInnen beobachten eine deutliche Zunahme an TinnituspatientInnen.

Leistungsstressoren

Dazu zählen z. B. Prüfungssituationen, Über- oder Unterforderung. Es gibt viele Erwachsene, die, obwohl sie die Schullaufbahn schon lange beendet haben, immer noch von der Schule träumen. Leider nicht von einer „Traumschule", sondern von Schularbeits- und Prüfungssituationen, die im Schlaf ihre Bewältigung suchen.

Ein (mittlerweile) Deutschlehrer erzählte mir vor Kurzem, dass er öfter in der Nacht schweißgebadet aufwache. Er sieht sich zurückversetzt in seine Schulzeit und merkt, dass er den Lösungsweg einer Mathematikaufgabe nicht erkennen kann. Das macht, so wie damals, enorm viel Stress.

Wenn solche Erlebnisse in Träumen immer wieder zutage treten, wird deutlich, wie emotional belastend (traumatisierend) diese Situation war, wie wenig sie verarbeitet wurde und wie sehr unser Körper und die Psyche bestrebt sind, uns zu „befreien“. Der Körper signalisiert durch das „Munterwerden“: „Komm, wach auf – es ist vorbei!“

Soziale Stressoren

Die nachgewiesenermaßen belastendsten Stressoren sind die sogenannten sozialen Stressoren. Dazu gehören Konflikte, Trennungserlebnisse, Konkurrenz- und andere Situationen, die selbstwert- und existenzbedrohend sind.

Wenn Geringschätzung, Abwertung, Demütigung erfolgen, schlimmstenfalls auch noch öffentlich, dann ist der Weg in die Krankheit vorgegeben. LehrerInnen sind in diesem Punkt zum Glück sehr empfindsam. Trotzdem kommt es immer wieder vor, dass Schularbeits- und Testnoten vor allen anderen SchülerInnen mit entsprechendem Kommentar laut und deutlich verkündet werden. Eine Freude für die „Besten und Guten“ – aber nur für diese!

Körperliche Stressoren

Dazu zählen Behinderungen, Verletzungen, Schmerz usw. Menschen mit Behinderungen und Schmerzzuständen befinden sich in einer Dauerstresssituation. Wenn sie nun einen guten Umgang mit sich selber finden, d. h. auch neue Wege aus der Einschränkung heraus entdecken, dann geschieht Stressbewältigung.

Meine Tätigkeit im Rehabilitationszentrum zeigt mir immer wieder, wie schwerstbehinderte Menschen, die ihr Leben lang an den Rollstuhl – den sie oft liebevoll „Rolli“ nennen – gefesselt sind, trotz all dieser Erschwernisse ein „glückliches“ Leben führen. Diese PatientInnen bewundere ich sehr, zumal sie es sind, die oft anderen, Nichtbehinderten, Mut machen.

4.3 Was macht den Stress zum Stress?

Eine Frage der Bewertung

Das Stressphänomen ist im Wesentlichen ein **Bewertungsproblem**. Stellen Sie sich vor, Sie haben schulisch und privat gerade viel zu tun. Die Schulleitung befindet, dass Sie die/der Auserwählte für ein anstehendes Schulprojekt sind, das zeitlich im nächsten Monat über die Bühne gehen soll.

Wenn Sie in irgendeiner Form damit gerechnet haben und Sie dieser Aufgabe innerlich zustimmen, haben Sie wohl kein Problem. Wenn Sie sich tatsächlich als die/der Auserwählte fühlen – der eigene Wert wird endlich erkannt! –, werden Sie begeistert reagieren. Wenn Ihnen aber plötzlich bewusst wird, dass Sie zu all den Aufgaben, die Sie jetzt schon nicht mehr zu erledigen imstande sind, eine weitere „dringliche“ dazubekommen, und Ihnen gleichzeitig klar wird, dass dies nicht zu schaffen ist, dann, ja dann haben Sie sich soeben dafür entschieden, in das „krank machende Stressrad“ einzusteigen.

Wahrscheinlich meistern Sie diese Situation erfolgreich, wie viele andere davor. Und diese Bestätigung wirkt wahre Wunder. Das Stresskarussell bewegt sich „volle Fahrt voraus". Sie sind bald wieder „auserwählt" – bis spätestens dann, wenn Sie körperlich oder psychisch zusammenbrechen. Auch „Nein-Sagen" will gelernt sein (siehe Kapitel 9)!

Ein deutliches Zeichen dafür, dass die Belastung ungesund wird, ist, wenn die „Elefantenhaut" einem zarten, dünnen „Häutchen" weicht. Ihre Belastbarkeitsgrenze sinkt, Ihr Bedürfnis nach Rückzug steigt, um sich und andere vor der eigenen Gereiztheit zu schützen.

Wenn Sie Lust haben, machen Sie folgende **Stressorenanalyse**, die gleichzeitig auch ein Lösungsmodell darstellt. (Die Formulare für die Stressorenanalyse finden Sie auch als Download unter http://beruf-lehrerin.veritas.at.)

Wählen Sie einen Stressor (= Stress machende Situation) aus, den Sie genauer analysieren möchten, und nehmen Sie sich Zeit, sich mit den in der Tabelle vorgegebenen Reaktionen bewusster auseinanderzusetzen.

Also: Was denken Sie in dieser Stress machenden Situation?
Was spüren Sie? – Gemeint sind körperliche Symptome, wie Magenweh, Kopfschmerz usw.
Was fühlen Sie dabei? – Ärger, Trauer, Hilflosigkeit, Freude usw.
Und: Was tun Sie tatsächlich?

Stressor	Ich **denke** dabei	Ich **spüre** dabei	Ich **fühle** dabei	Ich **tue**

Werthaltungen bestimmen unser Handeln

Werthaltungen, sogenannte „Beliefs", sind die Lebensleitlinien in uns – sie bestimmen unser Tun und somit unseren Weg. Beliefs sind die uns vertrauten Muster bzw. Gewohnheiten, die unser Leben steuern. Sie sind in uns verankert, da wir sie in irgendeiner Form stets erlebt, erlernt und trainiert haben. Es sind all die Gebote, Verbote, Weisheiten, die uns ein Leben lang begleitet haben und begleiten. „Sei brav!" „Widersprich nicht!" „Reden ist Silber, Schweigen ist Gold." „Tu, was andere wollen, dann wirst du geliebt." „Liebe deinen Nächsten!" Sie können die Reihe lebenslang fortsetzen.

Wenn Sie nun wissen, wie bedeutsam diese Ihre Werthaltungen für Ihr Leben sind, zahlt es sich wohl aus, einen scharfen Blick darauf zu werfen.

Überlegen Sie nun, welche Werthaltung hinter Ihrem Tun (Ich **tue**) steht.

Stressor	Ich **tue**	Werthaltungen, Beliefs

Lösende Wirkung

„Einfach gut drauf sein“ bedeutet: erkennen, was lösend wirkt. – Dieses Stressorenmodell soll Ihnen auch als Lösungsmodell dienen. Ich empfehle Ihnen, für jede Spalte einen Lösungsschritt zu überlegen. Beginnen Sie am besten mit dem **Stressor** selbst. Lässt sich diese Situation in Ihrem Sinn verändern? *Beispiel:* Ein Vater kommt in die Schule, um auf der Stelle mit Ihnen zu sprechen (oder besser gesagt: zu streiten). Sie haben nun mehrere Möglichkeiten, damit umzugehen. Hier zwei davon:

- Sie können sich vom Vater „überrumpeln“ lassen, um ihn nicht noch „wütender“ werden zu lassen. Das heißt, ihm recht geben und sich selbst stressen.
- Sie können freundlich darauf hinweisen, dass Ihre Sprechstunde den Eltern bekannt gegeben wurde und Sie sich jetzt als verantwortungsvolle/r PädagogIn den SchülerInnen widmen möchten, um sich in der Sprechstunde Zeit für das Gespräch nehmen zu können. …

Wie können Sie Ihre **Reaktionen beeinflussen**, wie z. B. Ihr **Denken**? Eine Möglichkeit ist, sich in die Situation des Gesprächspartners hineinzuversetzen. In unserem Fall könnten Sie sich überlegen, dass dieser Vater hinter seinem Kind steht und nur das Beste für sein Kind will.

Dann Ihr **Spüren**: Sie können Baldriantropfen zur Beruhigung oder Notfalltropfen … einnehmen.

Zu Ihrem **Fühlen**: dreimal tief durchatmen …, überlegen …

Überlegen Sie nun auch Ihr **Belief**: Wenn es in unserem Beispiel vielleicht „Ich muss es anderen Menschen recht machen (um geliebt zu werden!)“ lautet, dann überlegen Sie bitte, ob diese Werthaltung stimmt und förderlich ist. Irgendwann hatte dieses Belief seine Gültigkeit und absolute Berechtigung, vielleicht im Alter von sechs bis siebzehn Jahren … Jetzt als Erwachsene/r erkennen und wissen Sie, dass „anderen Menschen recht getan eine Sache ist, die niemand kann“. Außerdem steht dieses „Rechtmachen“ oft im Widerspruch zum „rechten Tun“ und stellt Ihr Wahrhaftigsein infrage.

Das neue, veränderte Belief könnte demnach heißen: „Ich lebe Ehrlichkeit und Wahrhaftigkeit und erkenne, was für mich richtig ist, um es mit den anderen zu besprechen."

Die anschließende Tabelle soll Ihnen helfen, eigene Lösungswege zu finden. Sie können anhand des Lösungsmodells trainieren.

		Alternative Lösungswege	
Stressor	Ein Vater kommt aufgeregt in die Schule, um mit Ihnen zu sprechen (= streiten).	Sie sind nur zu Ihrer Sprechstunde sprechbereit.	
Ich **denke** dabei	„Der benimmt sich unmöglich!"	„Endlich ein Vater, der sich um die schulischen Belange seines Kindes kümmert."	
Ich **spüre** dabei	Herzklopfen, Nervosität, Erröten	Sie nehmen Baldriantropfen zur Beruhigung, Notfalltropfen, atmen ein paar Mal tief durch.	
Ich **fühle** dabei	Unsicherheit, Ärger aufsteigen	Kurzentspannung, Ärger ausdrücken	
Belief	Ich muss es anderen Menschen recht machen.	Ich lebe Ehrlichkeit und Wahrhaftigkeit.	

4.4 Die drei Stressphasen

Hans Selye beschreibt drei Stressphasen, nämlich
- die Alarmphase,
- die Reaktions- bzw. Anpassungsphase und
- die Erschöpfungsphase.

Gleichgültig, was Sie als Stress empfinden, die physiologischen Abläufe sind immer gleich. Sie erleben Stress und Ihr Körper begibt sich in die **Alarmphase**, d. h., es kommt zu einer Aktivierung des Sympathikus. Der Sympathikus ist ein Teil des vegetativen Nervensystems und steigert unter anderem die Herztätigkeit, den Blutdruck, die Durchblutung und den Tonus (Spannung) der Skelettmuskulatur sowie den Stoffwechsel.

Es kommt zur Ausschüttung der Hormone, wie Adrenalin, Noradrenalin und Cortisol. Der Blutzuckerspiegel wird erhöht, das Blut übersäuert und der Fettstoffwechsel verändert sich. Dadurch wird unser Körper für gewisse Zeit leistungsfähiger, d. h., er stellt sich auf Flucht oder Kampf ein, je nachdem, wie erfolgversprechend die Situation erscheint.

Wenn wir bereits in dieser Phase den Stress ausschalten können, reguliert sich der Körper von selbst wieder. Was geschieht aber, wenn der Stressor stärker ist, anhält oder überhaupt zum Dauerstress wird?

Dann treten wir in die nächste Phase ein, in die **Reaktions- oder Anpassungsphase.** Der Körper versucht nun, sich an den Stress anzupassen. Er bildet beispielsweise viel Cortisol (Hormon der Nebennierenrinde), das entzündungshemmend wirkt. Dieser Prozess erfordert jedoch viel Energie. Die Anpassungsphase wird auch als Widerstandsphase bezeichnet. Dieser Begriff ist insofern zutreffend, als unser Körper alles daran setzt, Widerstand gegen die „Bedrohung Stress“ zu setzen. Er versucht, ins Gleichgewicht zu kommen.

Wie Sie bereits wissen, reagiert in der Alarmphase der Sympathikus. Dieser hat einen Gegenspieler, den sogenannten Parasympathikus, der unseren Herzschlag ruhiger werden, den Blutdruck sinken und uns entspannen lässt.

Normalerweise ist das Gegenspiel von Sympathikus und Parasympathikus für eine ausgeglichene Funktion all unserer Körpervorgänge zuständig. Der Körper kommt damit in die Homöostase (Gleichgewicht) und dementsprechend fühlen wir uns wohl und sind gesund.

Anders bei extremem Stress und/oder **Dauerstress**: Der Körper versucht nach wie vor auszugleichen, er will ja „heil“ und „gesund“ sein. Dem Parasympathikus gelingt es auch, den Sympathikus etwas zu besänftigen, dennoch bleibt die Adrenalin- und Cortisolausschüttung beständig hoch.

In dieser Situation sind wir gefordert mitzuhelfen, d. h. **„zu reagieren“!** Die Spannung braucht Entladung, am besten durch Bewegung und körperliche Aktivität. Menschen, die ihren Körper gut wahrnehmen können, merken in dieser

Phase ihren Bewegungsdrang. Sie **müssen** etwas **tun**, um wieder ins Wohlfühlen zu kommen. Joggen, walken, Tennis spielen oder Rad fahren sind beliebte Ausgleichsmöglichkeiten.

Sind uns diese Möglichkeiten genommen, fallen wir ins Ungleichgewicht, was so viel heißt wie: „Wir werden krank!“ Als Erstes reagiert häufig die Schilddrüse, es kommt zu Veränderungen in den Sexualfunktionen. Außerdem zeigt sich eine erhöhte Entzündungsbereitschaft im Körper. Unser Immunsystem ist also ständig **ge**- oder **überfordert**.

Langsam, aber sicher kommt die/der „Stressgeplagte“ anschließend in die **Erschöpfungsphase**. Sie macht sich als Müdigkeits- bzw. Erschöpfungszustand bemerkbar.

Wurde die **Reaktionsphase** ungenügend „beantwortet“, werden wir:

- körperlich krank (natürlich erst dann, wenn wir Zeit dafür haben)
- oder es kommt zu psychischen Erkrankungen wie Depression, Angst- und Panikstörungen
- oder zu einem Gesamtzusammenbruch im Sinne des Burn-outs.

Da jedes Krankheitssymptom ein Signal unseres Körpers darstellt, unseren Lebensstil zu ändern, bietet jede Krankheit eine Chance. Es geht lediglich darum, die Sprache unseres Körpers zu verstehen.

Wenn wir nun entsprechend „erschöpft“ sind, signalisieren Körper und Seele den Bedarf an **Erholung**. Erholung ist immer eine notwendige Reaktion auf eine vorhergehende Belastungsphase.

Nehmen Sie sich wiederum etwas Zeit, um über Ihre persönlichen Stressverarbeitungsmaßnahmen nachzudenken. Was tun Sie für sich, um Stress abzubauen:

Nachfolgend finden Sie einige zusätzliche Möglichkeiten (beachten Sie den Gesundheitswert!) mit unterschiedlicher **Wirksamkeit**:

Kurzzeitig wirksam

- Essen
- Rauchpause
- Trinkpause
- Kinobesuch
- Tanzen
- Ärger ablassen
- Diskothekbesuch
- Kurzurlaub
- ______________________________
- ______________________________

Länger wirksam

- Sport aller Art, der Spaß macht
- Austausch von Zärtlichkeiten
- Gespräche
- ______________________________
- ______________________________

Dauerwirksam (bei regelmäßiger Anwendung)

- Entspannungstechniken
- Kreatives Hobby
- Richtige Ernährung
- Ausdauersportarten
- Verlieben
- ______________________________
- ______________________________

Nachdem Sie nun gelesen haben, wie wirksam „sich verlieben" ist, empfehle ich Ihnen, diese Möglichkeit, falls Sie es nicht schon getan haben, in Ihr persönliches „Einfach gut drauf sein"-Repertoire aufzunehmen. Verliebte Menschen sind immer gut drauf und in ihrer Ausstrahlung ansteckend. – Falls Sie jetzt einwenden wollen, dass Sie 20 Jahre lang mit ein und demselben Partner bzw. Partnerin zusammen sind und das Verliebtsein schon lange anderen Werten Platz gemacht hat, frage ich Sie, was Sie tatsächlich daran hindert, sich täglich, stündlich oder sogar sekündlich genau in diesen Menschen neu zu verlieben. – Oft ist es einfacher, als Sie vielleicht denken:

> Erinnern Sie sich zurück an die Zeit des gemeinsamen Kennenlernens, an schöne gemeinsame Erlebnisse; an Seiten Ihres Partners/Ihrer Partnerin, die Sie so lieben und schätzen – und gönnen Sie sich die Kraft Ihrer Gedanken!

4.5 Neue, „stressfreiere" Gedanken

Sie wissen nun bereits, dass Stress zu einem erheblichen Teil in unserem Kopf entsteht. Ein wichtiger Weg der Stressbewältigung besteht darin, stressverschärfende Gedanken zu erkennen. Diese Gedanken haben zum einen mit der Bewertung der Situation und andererseits mit den uns steuernden Werthaltungen zu tun.

Sind Ihnen die folgenden Gedanken vertraut?
- Das schaffe ich nie …
- Das geht bestimmt schief.
- Ich halte das nicht aus.
- Die anderen werden schlecht über mich denken.
- Man wird mich ablehnen.
- Ich werde mich blamieren.
- Ich werde sehr nervös sein.
- Ich werde rot werden.
- Ich werde einen Kloß im Hals haben.
- Das ist wieder mal **typisch** für mich!
- Ich hätte mich mehr anstrengen sollen.
- Ich muss **jedem helfen**, der mich um Hilfe bittet.
- Ich will mit **allen** gut auskommen.
- Auf mich ist 100%iger Verlass …

Wenn Ihnen solche Gedanken vertraut sind, lade ich Sie jetzt dazu ein, diese zu verändern, um endlich frei und gut drauf zu sein!

Probieren Sie es daher **in Stresssituationen** mit folgenden Fragen:
- Was denkt jemand, den die Situation weniger belastet als mich?
- Wie werde ich in einem Jahr über die Situation denken?
- Was könnte schlimmstenfalls geschehen?
- Was wäre schlimmer als diese Situation?
- Habe ich schon einmal eine ähnlich schwierige Situation gemeistert? Wie?
- Was würde ich einem Freund, einer Freundin sagen, der/die sich in einer ähnlichen Situation befindet?
- Wie wichtig ist diese Sache – in Relation zum Leben – tatsächlich für mich?
- Gibt es etwas, was mir sehr wichtig oder sogar wichtiger ist?

Eines ist ebenfalls erwiesen: Ohne Stress hätten wir uns nicht weiterentwickelt. So lädt uns das Leben ein, immer wieder nachzudenken …
- Was kann ich aus dieser Situation lernen?
- Welche Aufgabe habe ich in dieser Situation?
- Welchen Sinn finde ich in dieser Situation?

4.6 Ein kurzes Anti-Stress-Programm

Sie haben einen intensiven Tag erlebt, Ihr Kopf ist voll, Sie schleppen wieder einmal alles mit nach Hause und Ihr sehnlichster Wunsch lautet jetzt: **Loslassen**! Dann empfehle ich Ihnen, sich ganz kurz Zeit zu nehmen, um Folgendes zu tun.

Spannen Sie für ca. 5 Sekunden alle Muskeln an, dass es richtig anstrengend ist. Dann lassen Sie erleichtert los und genießen die Entspannung. Stellen Sie sich vor Ihrem inneren geistigen Auge vor, Sie stehen am Meer und ein kräftiger Wind bläst Ihnen Ihren Gedankenballast aus dem Kopf. Genießen Sie bewusst dieses Freiwerden. Zum Schluss schütteln Sie Ihre Arme und Hände aus, nochmals mit der Vorstellung, dass Sie sich von allem, was Sie belastet, befreien.

Es tut gut und ist auch notwendig (= es wendet die Not), sich immer wieder von Sorgen und Belastungen zu erleichtern. Falls diese schwerwiegender sind oder durch unser Kurzprogramm nicht verschwinden wollen, dann empfehle ich Ihnen, alles, was Ihnen gerade durch den Kopf geht, aufzuschreiben, so wie es kommt. Auf diese Weise legen Sie Ihre Gedanken in eine Art Depot, Sie drücken sie **heraus** und schaffen damit eine gewisse Distanz. Manchmal tut es auch gut, das Aufgeschriebene wegzuwerfen oder zu verbrennen und sich gleichzeitig symbolisch davon zu lösen mit dem Gedanken: „Ich lasse dies nun alles los."

5. Vier Grundbedürfnisse und mehr

Das Leben ist wie ein Theaterstück!
Nicht wie lange,
sondern wie gut es gespielt wurde,
darauf kommt es an.
Seneca

Ergänzend zu Seneca kommt mir der Gedanke: „Jedes Theaterstück ist so gut wie die Bedürfnisse, die darin befriedigt werden." Worum geht es auf der Bühne und im Leben? Alles dreht sich um Liebe, Anerkennung, Harmonie und Sicherheit und nicht zuletzt um Selbstverwirklichung.

In diesem Zusammenhang möchte ich Ihnen die **Maslow'sche Bedürfnispyramide** in Erinnerung bringen:

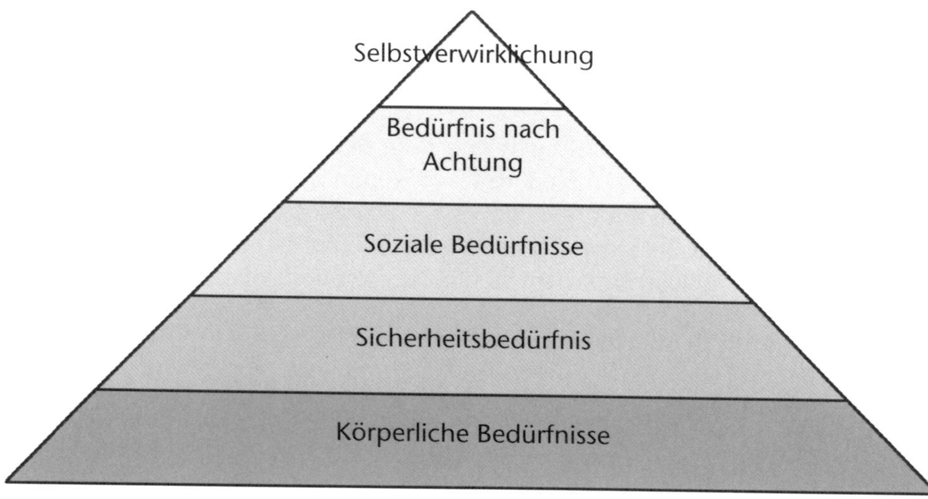

Der amerikanische Psychologe Abraham **Maslow** (1908–1970) erforschte gesunde, erfolgreiche und glückliche Menschen. Der Gründervater der Humanistischen Psychologie beobachtete, dass unsere Bedürfnisse nicht alle gleich wichtig, sondern vielmehr hierarchisch geordnet sind. 1954 beschrieb er erstmals die Hierarchie der Bedürfnisse. Maslow entdeckte, dass man die menschlichen Bedürfnisse nach einer bestimmten Rangordnung einteilen kann. Er geht davon aus, dass zuerst die „niedrigen" Bedürfnisse, also die Bedürfnisse der unteren Stufen erfüllt sein müssen, bevor die nächsthöheren überhaupt wirksam werden.

Die unteren drei Stufen nennt man **Defizitbedürfnisse**, die zwei höheren sind die sogenannten **Wachstumsbedürfnisse**. Wenn die Defizitbedürfnisse befriedigt sind, ist man zufrieden und es gibt keine Motivation mehr in dieser Richtung. *Beispiel:* Wenn man nicht mehr durstig ist, hat man keine Idee mehr zu trinken. Die Wachstumsbedürfnisse hingegen können nie wirklich befriedigt werden.

Beispiel: Ein Künstler zeichnet und verwirklicht sich dadurch. Das Bedürfnis nach Selbstverwirklichung ist aber nicht bereits nach drei Bildern gestillt.

Die Darstellung der Bedürfnispyramide folgt einem streng linearen Denkschema. Meine Betrachtungsweise ist allerdings systemisch, d. h., alles im Leben hat Wirkung und Auswirkung und so entsteht ein permanenter Regelkreis. Unser Leben stellt uns immer wieder vor neue Aufgaben und das macht es so spannend und interessant. Je nach Lebenssituation gibt es unterschiedliche Bedürfnisse, die nach Befriedigung streben. Nicht automatisch kehren wir nach der Selbstverwirklichung auf Stufe 1 zurück. Vielleicht sind es gerade dann die sozialen Bedürfnisse, die in den Vordergrund treten. Auch kulturelle Gegebenheiten bestimmen die Priorität der Bedürfnisse. In manchen Gesellschaften sind die sozialen Beziehungen in Form des Aufgenommenseins oder Verbleibens in einer Gruppe am wichtigsten. Dementsprechend steht das Wohl der Gruppe über dem eigenen. Man ist bereit, für die Gruppe zu sterben, denn ohne sie ist man ohnehin nicht lebensfähig.

Sie sehen also, je nach Kultur, Status, Werthaltung, Lebenssituation und Entwicklungsstand ändert sich die Gewichtung der Bedürfnisse.

Wichtig ist mir festzuhalten, dass die Maslow'sche Bedürfnispyramide klar aufzeigt, was der Mensch braucht, um gesund zu sein oder zu werden. Die Hierarchie macht für mich deutlich, dass die „höheren Stufen" einfach mehr Zeit (auch zum Nachdenken) beanspruchen als die niederen.

Es gibt viele Forschungen zu diesem Thema. Ab dem Zeitpunkt des Lebens hat jeder Mensch Bedürfnisse, deren Befriedigung entscheidend für das weitere Leben und sein Glück ist.

> Erinnern Sie sich an Situationen, in denen Sie sich glücklich fühlten! – Wann waren Sie so richtig glücklich? – Geben Sie sich, bevor Sie weiterlesen, ein bisschen Zeit, über Ihr Glück nachzudenken. Vielleicht war dieses Glücksgefühl gerade heute – oder früher – oder schon vor längerer Zeit?

Manche Menschen erfahren Glück in der Zweisamkeit oder wenn sie erleben, dass sich ihr geliebtes Kind ganz in ihrem Sinn weiterentwickelt. Oder wenn sie etwas Bestimmtes erreicht haben. Oder in einer lustigen Schulstunde. Oder beim Anblick einer schönen Blume. Oder beim Joggen. Oder …

Und wenn so eine Glückssituation vor Ihrem inneren, geistigen Auge aufgetaucht ist, dann gönnen Sie sich einen Blick hinter die Kulisse. Was löst dieses Glücksgefühl aus? Ist es eine empfundene Wertschätzung, die Bestätigung der eigenen Kompetenz, das Gefühl, ganz „ich selber" sein zu können, oder was sonst?

Aus der Existenzanalyse kennen wir vier Grundbedürfnisse, deren Erfüllung die Basis für ein glückliches, gesundes Leben darstellt. Diese **vier wesentlichen Grundbedürfnisse** sind Raum, Akzeptanz, Wertschätzung, Sinn.

Unser erstes wesentliches Grundbedürfnis ist das Bedürfnis nach Raum im Sinne von **Raum und Zeit**. Manche Menschen brauchen mehr, manche brauchen weniger Raum. Wenn allerdings der Raum zu eng wird, dann ist dies ein Nährboden für Aggression oder aber Angst. Aggression ist die aufsteigende Kraft, die uns zum Handeln führt, während Angst uns dramatisch nach unten zieht.

Sie erkennen daraus, dass die Wahrnehmung der Aggression die gesündere Version darstellt, vorausgesetzt, man erkennt sie rechtzeitig und kennt konstruktive, gewaltfreie Wege im Umgang mit dieser inneren Kraft.

Werfen wir einen Blick in die Schule. Viele LehrerInnen finden beengende Konferenzzimmer vor, wobei es keine Seltenheit ist, dass sich mehrere KollegInnen einen Platz teilen „dürfen". Und wenn das Thema Qualität in der Schule anhand der Stundenzahl diskutiert wird, dann wird von den überfüllten Klassenzimmern geschickt abgelenkt. Raumenge macht „eng" – in jeder Hinsicht! Sie schafft die sogenannten „verhaltensoriginellen SchülerInnen", deren gesunde Abwehr gegen diese ungesunde Einengung zu genau jener Verhaltensauffälligkeit führt.

Neben dem Bedürfnis nach Raum brauchen wir Zeit, Zeit zum Tun, Zeit zum **Sein**.

Viele Menschen haben erkannt, dass es originell ist, jemandem „Zeit zu schenken" oder zumindest zu „wünschen". Die Zeit ist das Gut, das am gerechtesten verteilt ist. Und dennoch haben wir keine Zeit – wenn wir sie uns nicht **nehmen**.

Eine gute Freundin von mir, die vor Kurzem in Pension gegangen ist, sieht ihr höchstes Glück darin, **jetzt** Zeitmillionärin zu sein. Wenn Sie sich nun vorstellen, alle Zeit der Welt zu haben – was würden Sie tun?

Ich sehe nicht nur begeisterte Gesichter, sondern auch ratlose. Manche Menschen erschrecken bei dem Gedanken, plötzlich freie, also nicht eingeteilte Zeit zu haben. Ein weiser Mensch, der leider unbekannt geblieben ist, hat einmal gesagt: „Wir sollen in unserem Terminkalender nicht nur Zeiten des Tuns, sondern auch Zeiten des Seins eintragen." Aber was heißt es, einfach zu „sein"? Wir definieren uns häufig durch unsere Leistung und dadurch hoffen wir, geliebt zu werden. Wir denken, wenn wir gebraucht werden, werden wir auch geliebt.

Bestätigt wird dies durch Aussagen wie: „Weil du so fleißig bist, mag ich dich …" – „Weil du so gut funktionierst, liebe ich dich …" Wie wunderbar ist es, wenn jemand meint: „Schön, dass du da bist, schön, dass es dich (ganz einfach) gibt – ich mag dich, weil du **du** bist; ich liebe dich, so wie du bist!"

Sagen Sie sich folgenden Satz einige Male ganz langsam und konzentriert vor und spüren Sie die Wirkung: „Schön, dass es mich gibt – schön, dass ich ich bin, ich bin liebenswert, weil ich **ich** bin!"

Jede/r von uns sehnt sich nach absoluter **Akzeptanz**, danach, geliebt zu werden, weil ich der/die bin, der/die ich bin. Dieses wesentliche Grundbedürfnis wird von allen verstanden und doch scheint es so schwer umsetzbar zu sein. So lautet eine provokante Aussage über Männer (wäre ich ein männlicher Autor, würde ich über Frauen schreiben): Man muss die Männer nehmen, wie sie sind … (**aber** man kann sie nicht so lassen!). – So weit also zum Thema Akzeptanz!

Viele Menschen erscheinen uns erst liebenswert, wenn sie sich so geändert haben, dass sie in unsere Vorstellung passen. „Er/Sie muss sich nur ändern …" Wäre dann die Welt wohl in Ordnung …?

Der Haken dabei ist, dass die Idee, ein/e andere/r zu werden – vor allem, wenn man vielleicht gar nicht so recht weiß, wer man eigentlich tatsächlich ist –, Angst macht. Ein noch unbekanntes Land zu betreten braucht viel Mut. Mit etwas mehr Leichtigkeit können wir ein bestimmtes Verhalten ändern, aber das Besondere daran ist, dass wir dies am liebsten tun, wenn wir uns geliebt fühlen.

Ein Mann war bei mir zur Therapie. Als gelernter Maurer arbeitete er sorgfältig am Bau. Er war als verlässlicher und guter Mann bei der Firmenleitung und bei den Kollegen bekannt. Nun sollte er zum Polier befördert werden, was er jedoch zum Unverständnis aller ablehnte. Seine Frau arbeitete als diplomierte Gesundheits- und Krankenschwester und mein Klient liebte und bewunderte sie. Aber auch der Gattin erschien das ablehnende Verhalten des Mannes unverständlich.

In der Therapie lüftete er das Geheimnis. Es reichte zurück bis in seine Kindheit und Schulzeit. Er galt als Durchschnittsschüler – mit offensichtlichen Rechtschreibproblemen. Damals schon wurde er deshalb oft abgewertet, erniedrigt, und so fühlte er sich „zweitrangig und dumm". Je älter er wurde, umso mehr genoss er Anerkennung aufgrund seines Fleißes, seiner Hilfsbereitschaft und Verlässlichkeit.

Gerne hätte er es beruflich weiter gebracht, aber die Vorstellung, sich als Polier **schriftlich** zu blamieren, machte ihm solche Angst, dass er keinen Versuch wagte.

Während einer gemeinsamen Therapiesitzung mit seiner Gattin stellte seine Frau fest: „Weißt du, ich liebe dich einfach so, wie du bist!" Und dieser Satz hatte magischen Wert. Er ermöglichte meinem Klienten, erstmals über seine Ängste, auch die des beruflichen Aufstiegs, zu sprechen. Seine Frau reagierte auf wunderbare Weise mit dem Vorschlag, ihn zu unterstützen. Der Mann erinnerte sich an seine Lieblingslehrerin in der Volksschulzeit, die mittlerweile in Pension war, und organisierte sich orthografische Nachhilfe.

Vor Kurzem rief er mich an, höchst erfreut darüber, dass er den Aufstieg zum Polier gewagt und geschafft hatte!

Die Zusage „Du bist liebenswert, so wie du bist" oder, anders gesagt: „Bleib so, wie du bist", ist die Chance, jemanden zur Veränderung zu bewegen.

Eng mit dem Bedürfnis nach Akzeptanz des Selbst verbunden ist das Bedürfnis nach **Wertschätzung**. Wir alle wollen wert-geschätzt, in unserem Wert anerkannt werden.

Wenn Menschen über einen längeren Zeitraum abgewertet, gering oder gar nicht geschätzt werden, dann werden sie krank. Wertschätzung ist hörbar, sichtbar, spürbar und vermittelt uns ein ungeheures Glücksgefühl, das uns zu besten Leistungen anspornt. Sie ist der Schlüssel zur Motivation.

Sie fragen sich nun vielleicht: Wozu lese ich das alles? Was hat das für einen Sinn? Einerseits geht es darum, „gut drauf zu sein", d. h., die notwendigen Voraussetzungen dafür zu erkennen und zu schaffen. Und zweitens ist die Frage nach dem **Sinn** unser viertes Grundbedürfnis.

Wir wollen in allem, was wir tun, **Sinn** sehen. Müssten wir sinnlose Tätigkeiten eine bestimmte Zeit lang verrichten, würden wir krank werden. Ein gesunder Geist hinterfragt den Sinn. Somit erkennen Sie, dass diejenigen SchülerInnen, die wiederholt fragen: „Wozu das alles?", zwar einerseits eine echte Herausforderung für die LehrerInnen sind, andererseits mit der eigenen Energie besonders gut umgehen.

Überlegen Sie einmal (falls es nicht bereits zu Ihrer Gewohnheit gehört), was der Sinn Ihres Daseins ist.

Ab dem Zeitpunkt unseres Lebensbeginns ist der Sinn des Lebens: **„leben"**! Was aber heißt es zu „leben", was macht Sinn? Leben Sie das Leben, von dem Sie immer geträumt haben? Viele Menschen brauchen schwere Krisen, um letzten Endes ihren Träumen und Visionen folgen zu können.

Aufgrund einer plötzlich aufgetretenen Lähmung im rechten Arm musste Frau S. ihren Arbeitsplatz wechseln. Sie arbeitete bis dahin als Sekretärin, hauptsächlich am PC. Sie hatte diesen Job angenommen, um möglichst rasch Geld zu verdienen. Eigentlich hätte sie lieber irgendeine Ausbildung als Kinderbetreuerin gemacht, aber das Geld schien zu verlockend.

Anfänglich machte die Tätigkeit als Sekretärin auch Spaß, aber bald schon wurde Frau S. unzufrieden. Der Druck stieg, das Arbeitsklima verschlechterte sich, aber „was man begonnen hat, muss man zu Ende führen" – dies war wohl der Leitspruch von Frau S.

Zum Glück reagierte der Körper – Frau S. macht nun ihre Ausbildung zur Erzieherin und ist absolut glücklich. Heute noch ist sie ihrem Körper dankbar, denn ohne die Signalwirkung wäre sie wohl eine von vielen unglücklichen Frauen, die es gewohnt sind, durchzuhalten.

Eine kurze Geschichte von Tania Konnerth (2008a, Seite 106f.) als Denkanstoß, Resümee, zum Genießen ...:

Als der Tag nicht aufstehen wollte
Es war einmal ein Tag, der einfach keine Lust zum Aufstehen hatte. Längst war es Zeit für ihn, anzubrechen, aber er weigerte sich. Der Tag wollte lieber im Bett bleiben und schlafen.

Die Menschen machten sich natürlich Sorgen, als die Nacht einfach weiterging, denn sie war kurzfristig für den Tag eingesprungen. Aber die Sorgen der Menschen kümmerten den Tag nicht.

Da schaltete sich das Leben ein und ging zum Tag.

„Tag", sagte das Leben, „du musst aufstehen."

„Nö, ich habe keine Lust", antwortete der Tag.

„Sei nicht dumm und vergeude mit diesem Unsinn deine Lebenszeit. Du wirst nie wieder Tag sein können, du bist nur heute. Du bist dieser Tag und kein anderer – das ist alles, was du je sein wirst. Nutze den Tag!", sagte das Leben und lächelte innerlich über dieses Wortspiel.

Der Tag war nachdenklich geworden.

Was, wenn das stimmte und er wäre nur heute? Würde er dann tatsächlich nicht aufstehen wollen?

Er überlegte noch einen Moment und brach endlich an. Und es wurde ein guter Tag.

6. Unser Kopf ist im Bauch

Kennen Sie den Kollegen, der vor einiger Zeit meinte: „Heute bin ich schlecht drauf, ich habe schlecht geschlafen, fühle mich nicht wohl, muss aber den Schulalltag bestmöglich hinter mich bringen." – Oder jene Kollegin mit folgender Aussage: „In den letzten Jahren hatte ich so viel um die Ohren, dass ich regelrecht ausgelaugt bin, außerdem nervt die Routine immer mehr!"

Unser Kopf und unser Bauch sind indirekt miteinander verbunden. Manche Menschen haben gelernt, ihrem Bauchgefühl mehr zu vertrauen als dem bewussten Denken. Wenn ein Mensch in seiner Mitte ist, fühlt er sich wohl.

Wenn Sie sich nun selber suggerieren, schlecht drauf zu sein, werden Sie es auch so fühlen. Umgekehrt, wenn Sie schlecht geschlafen haben, kann es sein, dass Sie ganz schnell auf „schlechte Gedanken" kommen.

Die Psycho-Neuro-Immunologie erforscht den Zusammenhang zwischen Gedanken, Gefühlen, dem Verhalten des Menschen und seinem Immunsystem. Seit Ende der 1970er-Jahre wissen wir, dass fortdauernde psychische Belastungen das Immunsystem schwächen. Die wichtige Erkenntnis lautet, dass alles, was im Gehirn vor sich geht, auch vom Immunsystem wahrgenommen wird. Ob wir also gestresst, überfordert, verzweifelt oder depressiv sind, ob wir uns wohlfühlen und das Leben genießen, unsere Immunzellen reagieren.

Das heißt bildlich gesprochen: Unser Immunsystem ist glücklich, wenn wir glücklich sind, und ist deprimiert und traurig, wenn wir deprimiert und traurig sind. Unser Denken und Fühlen wirken sich also direkt auf unseren Gesundheitszustand aus.

Wir wissen heute aber auch, dass die Informationen nicht nur vom Gehirn zum Immunsystem, sondern auch umgekehrt vom Immunsystem zum Gehirn fließen. Eine Bestätigung der Ganzheitlichkeit des Lebens!

So drängt sich die Frage auf, welche Gedanken, Einstellungen und Gefühle unser Immunsystem stärken, uns also gesund und glücklich machen. Studien zeigen als wichtigste Faktoren zur **Stärkung des Immunsystems** folgende auf:

- Freude
- gute soziale Kontakte
- Humor
- Entspannungstraining
- Liebe und Zuneigung
- optimistische Einstellung
- Fähigkeit, Gefühle auszudrücken
- Schwierigkeiten nicht als Belastung, sondern als Herausforderung zu sehen
- Hoffnung

Nehmen Sie sich nun etwas Zeit, um über drei dieser lebens-not-wendigen Faktoren nachzudenken.

Freude

Wer oder was hat Ihnen heute Freude bereitet? Wer oder was wird Ihnen noch Freude bereiten? Wie machen Sie anderen eine Freude?

Machen Sie sich ein paar Notizen, die Sie täglich ergänzen können:

☺ Was bereitet mir **heute** Freude:

☺ Worüber kann ich mich grundsätzlich **immer** freuen?

Soziale Kontakte

Jeder Mensch sucht Kontakt und braucht Kontakt. Wir sehnen uns danach, eingebettet zu sein in einem sozialen Netz, wir wollen Teil einer Sphäre sein – denn so hat alles begonnen: im **Mutterleib**.

Nossrat Peseschkian gilt als der Begründer der Positiven Psychotherapie, in der er mithilfe von Sprichwörtern, transkulturellen Metaphern und Sprüchen sehr heilsam wirkt. Einer seiner Lieblingssprüche heißt: „Reich ist der, der gute Freunde hat!"

Gerne stellt er die Situation anhand eines Vergleiches dar: Wenn z. B. ein österreichischer Mann am Abend heimkommt, will er erst einmal seine Ruhe haben, vorzugsweise vor dem Fernsehgerät. Im Orient entspannt sich der Ehemann anders: Wenn er nach Hause kommt, hat seine Frau bereits einige Gäste, Verwandte oder Freunde eingeladen, denn die Unterhaltung mit den Gästen macht frei und entspannt. Das orientalische Motto lautet: „Gäste sind eine Gnade Gottes."

Überlegen Sie, welche Sozialkontakte Sie in letzter Zeit gepflegt haben. Welche davon tun Ihnen gut, welche weniger? Welche Kontakte sollten Sie baldmöglichst wieder auffrischen, weil sie Balsam für Ihre Seele sind?

Humor

Sie wissen ja: Lachen ist die beste Medizin. Vor einigen Jahren besuchte ich ein Humortraining. Der primäre Grund dafür war, dass ich gerne lache; der sekundäre, aber nicht weniger wichtige: anderen Menschen über diese Schiene mehr Spaß und Lebensfreude zu bescheren.

Der Trainer dieses Seminars ging allerdings davon aus, dass sich für sein Seminar „Kellerlacher" (= jene Menschen, die zum Lachen einen eigenen, für andere nicht einsehbaren und vor allem schalldichten Raum benötigen) und „Schwarzdenker" angemeldet hatten. So fragte er alle TeilnehmerInnen bereits beim Betreten des Seminarraumes, wann sie zuletzt gelacht hätten. Zu seiner eigenen Überraschung, ja fast schon zu seiner Bestürzung erhielt er ausnahmslos Antworten, wie: heute am Morgen, beim Blick in den Spiegel, beim Herfahren, jetzt gerade usw. Wir hatten uns allesamt angemeldet, weil wir humorvoll sind.

Dieses Seminar ist mir weniger aufgrund der Inhalte, sondern vielmehr wegen des Spaßes, den wir miteinander hatten, in Erinnerung geblieben. Es war „Wellness pur". Beim Lachen werden Gesichts-, Nacken-, Brust- und Bauchmuskulatur trainiert und durch die positive, frei werdende Energie wird unser Immunsystem auf angenehmste Weise gestärkt.

Trotzdem ist Humor etwas, was von Mensch zu Mensch unterschiedlich erfahren und bewertet wird. Manche können über Situationskomik oder Witze lachen, die bei anderen ein leises Schmunzeln oder gar ablehnendes Kopfschütteln verursachen.

Es ist nicht wichtig, dass alle Menschen über das Gleiche lachen können, es ist wichtig herauszufinden, was Sie zum Lachen bringt.

Viele PatientInnen erklären mir, dass sie ihre schwierige Lebenssituation nur dank ihres Humors überstanden haben. Eine Ihrer LehrerkollegInnen hat auf die Frage nach den eigenen Stressbewältigungsstrategien gemeint: „Manches ist so traurig, dass man schon wieder darüber lachen kann. Ich frage mich immer, was wohl das Komische an einer Situation ist." Die lustigsten Filme bedienen sich lebensechter Situationskomik. Wenn einem die Situation selbst widerfährt, ist es im Moment zwar oft eher zum Heulen. Drei Tage später darf aber, ob des guten Ausgangs, darüber gelacht werden.

Bitte überlegen Sie:
Mit wem können Sie besonders gut lachen?

Worüber können Sie besonders gut lachen?

____

____

____

____

Gönnen Sie sich Menschen, Filme, Witze, die Sie amüsieren. Fragen Sie sich auch, was das Spaßige am Ernsten ist. Drehen Sie die Sache einfach um.

Michael Trybek, CliniClown und Seminarleiter, empfiehlt ein Training in der Kunst des kleinen Scheiterns. Wir und im Besonderen LehrerInnen sind darauf trainiert, alles richtig machen zu wollen. An sich ist daran nichts auszusetzen. Allerdings führt dieser Anspruch dazu, Fehlerhaftes abzuwerten. Gerade Sie sind in Ihrem Beruf darauf ausgerichtet herauszufinden, wie viel SchülerInnen wissen, und somit müssen Sie jeden Fehler entdecken und bewerten.

Vielleicht kennen Sie den Ausspruch von Virginia Satir: „Wenn du einen Fehler gemacht hast, dann feiere ein Fest!" Fehler sind die Entwicklungschancen in unserem Leben. Eine Studie zum Thema **Erfolg** zeigt auf, dass die erfolgreichsten Menschen die meisten Fehler gemacht und daraus gelernt haben.

Trybeks Ansatz ist der, kleine komische „Fehler" auszuprobieren, um auf diese Weise „erschütterungsfester" zu werden. Gerne erzählt er, wie er mit einem gerupften Plastikhuhn aus dem Spielzeugladen in der Straßenbahn fährt. Er ist also mit seinem „Hendy" unterwegs. Ein echtes Handy von seiner Tochter hat er in seiner Hosentasche. Das echte Handy läutet, mit dem „Hendy" telefoniert er. Die Reaktionen sind spannend und vielfältig ... Wenn Sie Lust haben und Ihre Nerven trainieren möchten, können Sie dies oder Ähnliches ausprobieren.

Eines ist erwiesen: Lachen befreit, entspannt und gibt positive Kraft. Fürs Erste tun einem zwar vor Lachen Kiefer und Bauch weh, aber die Stärkung des Immunsystems ist die Folge.

Damit Sie etwas zu lachen haben ...

- Die Lehrerin schreibt an die Tafel: „Christoph Kolumbus 1502–1504", und fragt, was das bedeute. Ein Schüler antwortet: „Na, das wird die Telefonnummer von Herrn Kolumbus sein."
- Mathematik. Der Lehrer stellt eine Aufgabe: „Georg, nehmen wir an, du hast 50 Euro geschenkt bekommen. 10 Euro davon gibst du deinem Bruder, 10 Euro deiner Schwester und 5 Euro deinem Freund. Was hast du dann?" Georg: „Einen Vogel, Herr Lehrer!"
- Die kleine Tochter: „Mama, morgen haben wir schulfrei!" Mutter: „Hat das der Lehrer gesagt?" Tochter: „Ja!" Mutter: „Was sagte er denn genau?" Tochter: „Er sagte nur: Schluss für heute, morgen fahre ich fort!"

7. Vorstellungen und Achtsamkeit

7.1 Wahrnehmen heißt „für wahr nehmen"

„Die folgenden Worte Buddhas vernahm ich einst, als der Ehrwürdige in der Stadt Kammassadharma im Land der Kuru weilte. Der Ehrwürdige wendete sich mit folgenden Worten an die Bhikkus: ‚Es gibt einen Weg, der den Geschöpfen helfen kann, Läuterung zu verwirklichen, Angst und Furcht zu überwinden, Schmerzen, Not und Kummer ein Ende zu setzen und zur rechten Praxis zu finden. Es ist dies der Weg der Achtsamkeit!' …" (Thich Nhat Hanh 1993)

Wahrnehmen heißt „für wahr nehmen", was da ist. Dies bedeutet vor allem: sich selber wahrnehmen. Die eigenen Gedanken, Vorstellungen, Gefühle, Bedürfnisse und natürlich den eigenen Körper. Ganz schön viel auf einmal, oder? Wo wir doch gewohnt sind, nach außen zu blicken, die Bedürfnisse der anderen wahrzunehmen, die Körper der anderen zu bewerten …

Häufig höre ich von SeminarteilnehmerInnen, dass wir unsere Augen haben, um zu sehen, was um uns geschieht. Es ist schon richtig: Mit den eigenen Augen sieht man sich selber schwer – oft braucht es einen Spiegel dafür. Dann wieder ist es notwendig, kurz einmal die Augen zu schließen, den Blick nach innen zu richten und wahrzunehmen, was da ist. Das bedeutet gleichzeitig, „achtsam" mit sich zu sein.

Ein Meditierender, der trotz vieler Belastungen nach wie vor ruhig und gesammelt wirkt, wird gefragt, wie er dies schafft. Er gibt folgende Antwort:
Wenn ich sitze, dann sitze ich,
wenn ich gehe, dann gehe ich,
wenn ich esse, dann esse ich,
wenn ich lese, dann lese ich.

Die Zuhörer sehen sich an und meinen, das sei keine gute Antwort, denn genau dies würden sie ja auch tun.

Doch der Meditierende antwortet: Ihr seid nicht ehrlich zu euch! Wenn ihr sitzt, dann überlegt ihr, wo ihr als Nächstes hingehen werdet. Wenn ihr geht, denkt ihr darüber nach, was euch in der Arbeit wohl erwartet. Wenn ihr esst, unterhaltet ihr euch über die Belastungen der Vergangenheit, und wenn ihr lest, achtet ihr darauf, wann endlich euer Handy wieder einmal läutet. Bei mir ist es anders:
Wenn ich sitze, dann sitze ich,
wenn ich gehe, dann gehe ich,
wenn ich esse, dann esse ich,
und wenn ich lese, dann lese ich!

In der eigenen Achtsamkeit geht es eben auch darum, sich zu **achten**, den eigenen Wert zu erkennen und anzuerkennen. – Ein wichtiger Leitsatz meiner

Arbeitsstätte lautet: „Wir gehen achtsam mit uns und anderen um." Leitsätze haben Visionscharakter, aber alleine dieser Vorsatz ist Goldes wert. Wenn ich mehr und mehr gelernt habe, achtsam mit mir zu sein, dann fließt diese meine Achtsamkeit überall ein. Es ist wunderbar, von achtsamen Menschen umgeben zu sein – da und dort kennen Sie ja das Gegenteil davon.

Achtsamkeit ist allerdings nur in der Gegenwart möglich. Das Wort für einen buddhistischen Text, für die Lehren Buddhas, lautet in Sanskrit: Sutra. Im Chinesischen ist der Titel des Sutra: Nian Chu. Nian heißt „achtsam sein für", und Chu bedeutet entweder „der Ort des Verweilens" oder „das Gegenwärtigsein".

Mein Religionslehrer in der Volksschulzeit schrieb mir damals in mein so geschätztes Stammbuch: „Die wichtigste Stunde ist immer die Gegenwart, der wichtigste Mensch ist der, der dir gerade gegenübersteht, und das wichtigste Werk ist stets die Liebe!" (Leo Tolstoi)

Damals hab ich den Spruch als gut und aussagekräftig verspürt, heute verstehe ich ihn. Immer wieder werden wir vom Leben darauf hingewiesen, dass wir nur in der Gegenwart leben können. Wir können uns zwar erinnern, Vergangenes, be- und verarbeiten, aber alles zum Zeitpunkt der Gegenwart. Wir können Zukünftiges planen, aber nur aus gegenwärtiger Sicht. Und wir können innehalten, um zu genießen – ausschließlich im Jetzt! Wir können **nur** im **Jetzt** genießen, auch die Ereignisse, deren wir uns **jetzt** erinnern! – Folgende bildhafte Formulierung habe ich dafür geprägt: Wenn wir stets gegenwärtig sind, verweilen wir im Fluss des Lebens.

Thich Nhat Hanh (* 1926) ist ein buddhistischer Mönch und Friedensaktivist aus Vietnam. Auch er wurde zu einem Begleiter auf meinem Weg. Er lehrte mich ein Stück „Achtsamkeit und Gegenwärtigkeit". Stundenlang trainierten wir!

Ich lade Sie nun zu einem einfachen Achtsamkeitstraining ein. In meinem Stammbuch findet sich auch ein Spruch von Gottfried Keller: „Alles Große und Edle ist einfacher Art!" – Diese Erfahrung durfte und darf ich immer wieder machen. So auch in Bezug auf diese Übung:

> Ich lade Sie ein, eine angenehme Sitzhaltung einzunehmen, dabei darauf zu achten, dass der Oberkörper aufrecht und gerade ist. Sie schließen die Augen und üben sich in Achtsamkeit. Ihr inneres Auge richten Sie auf Ihren Atemrhythmus, und Ihre Gedanken begleiten das Ein- und Ausatmen folgendermaßen:
> „Wenn ich einatme, bin ich mir bewusst, dass ich einatme,
> wenn ich ausatme, bin ich mir bewusst, dass ich ausatme!"
> Lassen Sie Ihren Atem gekoppelt mit diesen Gedanken einfach fließen!

Es geht darum, vollkommen bewusst zu atmen. Wenn wir einatmen, wissen wir, dass wir einatmen. Wenn wir ausatmen, wissen wir, dass wir ausatmen. Wenn wir auf diese Weise üben, wird unser Atmen **bewusstes Atmen**. Wir lenken dabei unseren Geist voll auf das Atmen und auf nichts anderes. Sobald ein Gedanke wie „Oh, ich muss noch das Englischbuch in die Schultasche packen“ aufsteigt, ist unser Atmen nicht länger bewusstes Atmen. Wir sind abgelenkt. Wichtig ist, dass unser Geist während der gesamten Länge jedes Atemzuges an unserem Atem bleibt. Unsere Gedanken sind **eins** mit unserem Atmen.

Einen einzigen bewussten Atemzug kann jeder tun. Wenn Sie zehn Atemzüge machen, ohne dass Ihr Geist abschweift, sind Sie auf dem besten Weg.

Wenn Sie hingegen zehn Minuten lang **bewusst** atmen, werden Sie eine wertvolle Erfahrung machen.

Bewusstes Atmen ist ein wunderbarer Weg, zu sich selbst zu finden. Der Alltag in seiner Routine und Selbstverständlichkeit führt uns in die Unachtsamkeit. Unsere Unachtsamkeit bringt uns in Gefahr, es kommt zu Unfällen, Verletzungen, Versäumnissen und dergleichen mehr. Durch bewusstes Atmen kehren wir zu uns selber zurück – wir nehmen wahr, was wahr ist.

Thich Nhat Hanh (1993) sagt: „... durch bewusstes Atmen kommen wir mit dem Leben im gegenwärtigen Augenblick in Berührung. Der gegenwärtige Augenblick ist der einzige, in dem wir das Leben berühren können.“

Bewusstes Atmen macht uns frei, frei von Bedauern und Ängsten. Wenn wir unserem Atem folgen, sind wir bereits entspannt und nicht länger von Befürchtungen und Sehnsüchten beherrscht. Somit sind wir frei, entspannt und **glücklich** im gegenwärtigen Leben.

Wenn unser Einatmen und Ausatmen sanft und leicht fließen, unser Atem harmonisch ist, dann ist es auch unser Körper. Je leichter unser Atem fließt, desto friedvoller werden Körper und Geist. Beim Einatmen stellen wir uns vor, wie der Atem in unseren Körper eintritt und alle Zellen des Körpers zur Ruhe kommen. Wenn wir ausatmen, fühlen wir, wie die Ausatemluft all unsere Müdigkeit, unsere Ängste und unseren Ärger mit sich fortnimmt.

Für ein weiteres Atemtraining, das Sie an das erste unmittelbar anschließen oder zu einem anderen Zeitpunkt durchführen und genießen können, empfehle ich Ihnen:

> Nehmen Sie wieder die aufrechte Sitzposition ein, schließen Sie die Augen und begleiten Sie den Atemrhythmus mit folgenden Gedanken:
> „Einatmend lasse ich meinen Körper ruhig werden.
> Ausatmend lächle ich.
> **Jetzt** weiß ich um das Wunder dieses Augenblicks.“

7.2 Die Kraft der Vorstellung – ein Bild sagt mehr als 1000 Worte

Wir sind das Ergebnis unserer Gedanken.
Marc Aurel

„Unser Leben funktioniert so, wie wir es uns vorstellen, oder so, wie wir es uns nicht vorstellen." Dies ist eine meiner Behauptungen, die ich Kursen zum autogenen Training den TeilnehmerInnen zu vermitteln versuche.

Psyche (Seele) und Soma (Körper) bilden eine untrennbare Einheit, wir sind demnach alle psycho-somatische Wesen. Unter Psyche verstehen wir unsere Gedanken und Vorstellungen sowie Wahrnehmungen und Gefühle. Körpererlebnisse wirken entsprechend auf die Psyche. Zum Beispiel bei Schmerzwahrnehmung **fühlt** man sich schlecht. Es kommt zu Missempfinden bis hin zu depressiven Reaktionen.

Nun in umgekehrtem Sinn: Sie haben z. B. Angst vor Zahnarztbesuchen. Ich lade Sie jetzt ein, sich vorzustellen, dass Sie aufgrund von Zahnschmerzen morgen Ihren Zahnarzttermin haben. Was passiert? Vielleicht können Sie Folgendes an sich beobachten: Nervosität, Schweißausbruch, Magenschmerzen, Durchfall oder Verstopfung, der Pulsschlag ist erhöht, Schlafstörung, der Blutdruck steigt oder der Schmerz ist plötzlich weg. Diese Körperreaktionen treten bereits auf, obwohl Sie noch gar nicht beim Zahnarzt sind.

Das heißt, **alleine die Vorstellung genügt**, um entsprechende Körperreaktionen hervorzurufen. Wenn ich von Vorstellungskraft spreche, dann meine ich jene **psychische Kraft**, „die Berge versetzen kann".

Stimmt das obige Zitat von Marc Aurel – und ich bin davon überzeugt –, dann bedeutet dies auch, dass unser Leben so funktioniert, wie wir es uns vorstellen, oder eben so, wie wir es uns nicht vorstellen können. Dies erklärt wohl auch den Umstand, dass manche Menschen ihre „Wunderheilung" bei HeilpraktikerInnen erfahren, andere eben nicht – da sie, wie sie ja meinen, „an diesen Blödsinn **nicht glauben**".

An etwas glauben heißt, es sich im tiefsten Inneren **vorstellen** zu können. Viele Menschen haben schon bewiesen, dass sie dank ihrer Vorstellungskraft sogar bei schwerster Krankheit wieder gesundet sind. Eines ist klar, es wurde noch nie etwas vollbracht, was nicht vorher im Geiste vorweggenommen worden war. Zuerst kommt die Idee, dann die Verwirklichung, d. h. also, unsere jeweilige Vorstellung wird in die Wirklichkeit übertragen.

Diese Erkenntnis ist ein wichtiger Hinweis, unsere Gedanken immer wieder zu reflektieren. Denn gleichgültig, ob positiv oder negativ, sie streben jedenfalls nach Verwirklichung.

Wenn Sie also **nicht** gut drauf sein möchten, dann beginnen Sie den Tag mit der Vorstellung: „Na, das wird heute wieder ein schrecklicher Tag …" Glauben Sie mir, es wird so sein. Sie haben die Kraft dazu.

Eine Klientin erzählte mir einmal davon, dass sie vor einiger Zeit begonnen hatte, am Morgen ihren persönlichen Biorhythmus zu studieren, um ihren Alltag darauf auszurichten. Jeden Tag begann sie damit, ihr gesundheitliches, psychisch-emotionales und soziales Befinden nachzulesen.

Eines Morgens wurde sie durch das Telefon geweckt – ihr Gatte, der als Außendienstmitarbeiter unterwegs war, bat meine Klientin, ihm dringend wichtige Unterlagen nachzubringen, die er zu Hause vergessen hatte. Sie wusste, wie dringlich es war, zog sich sofort an und fuhr los – sie hatte ca. 60 km zu fahren. Während der Fahrt begann dann der „Horrortrip". Plötzlich erinnerte sie sich daran, keine Zeit für ihren „Biorhythmus" gehabt zu haben. Was, wenn sie heute eine schlechte gesundheitliche oder emotionale Phase hatte, ein Unfall war möglicherweise vorprogrammiert.

... ihre Gedanken kreisten immer dramatischer, bis sie schließlich ihre Fahrt stoppen musste. Sie war schweißgebadet, zitterte am ganzen Körper (selbst bei der Erzählung und Erinnerung dieser Situation wirkte sie verängstigt), war unfähig weiterzufahren.

Sie rief den Gatten an, der ihr nun erst recht entgegenfahren musste und in diesem Moment wenig Verständnis für seine Frau aufbringen konnte. Meine Klientin konnte diese Erfahrung selber kaum fassen – aber die Kraft der negativen Gedanken war nicht zu bremsen.

Sie brauchte einige psychotherapeutische Sitzungen, um sich aus dieser „biorhythmischen Gefangenschaft" zu befreien.

„Heute ist der erste Tag vom Rest Ihres Lebens." – Also warten Sie nicht länger auf Wunder, die Ihnen in den Schoß fallen – die „Wunder" warten darauf, dass Sie sie zulassen, indem Sie sie verursachen.

Machen Sie sich bewusst, was Sie sich vom Leben und der Zukunft erträumen. Erlauben Sie sich Ihre Träume, stellen Sie sich vor, wie Sie ab sofort gut drauf sein dürfen. Marc Aurel hat postuliert: „Das Glück deines Lebens hängt ab von der Beschaffenheit deiner Gedanken."

Unsere Gedanken streben nach Verwirklichung. Ein klares „Bild" vom Einfluss unserer Gedanken auf den Körper können Sie sich mithilfe eines Biofeedbackgerätes machen. Dieses Gerät registriert schon geringste Veränderungen des Muskeltonus, der Herz-Kreislauf-Tätigkeit und des elektrischen Handwiderstandes.

Es zeigt also an, ob unser Körper sich im Zustand der Alarmbereitschaft oder aber der Ruhe und Ausgeglichenheit befindet. Wenn Sie an ein Biofeedbackgerät angeschlossen sind und sich vorstellen, dass ein Feuer im Raum ausbricht, wird Ihr Körper Alarmbereitschaft signalisieren.

Stellen Sie sich hingegen vor, Sie liegen an einem wunderschönen Strand, der sich warm anfühlt, vor Ihnen türkisblaues Meer, Sie hören das Rauschen der Wellen und Sie fühlen sich rundum wohl – so stellt sich auch Ihr Körper auf dieses beruhigende Bild ein.

Denken Sie daran, dieses Leben ist nicht die Generalprobe, sondern die Premiere und es wäre schade, es durch negative Gedanken zu vergeuden!

Ich lade Sie nun ein, sich entspannt zurückzulehnen und ganz bewusst locker zu lassen. Körperteil für Körperteil. Beginnen Sie bei den Füßen, die Beine herauf zum Becken/Gesäß, die Arme und Hände hinauf zu den Schultern und dem Gesicht. Lassen Sie einfach los und erlauben Sie sich, sich wohlzufühlen – so gut, wie es jetzt gerade möglich ist.
Gedanken kommen und gehen … ganz einfach so. Und es ist alles okay.
Lassen Sie nun vor Ihrem inneren, geistigen Auge ein Bild entstehen, ein Bild von Ihnen selber. So, als würden Sie sich gerade im Spiegel betrachten. „Sie sind einfach gut drauf." – Und so sehen Sie sich. – Sie schauen in die Augen eines Menschen, dem es einfach wunderbar gut geht, der sich wohlfühlt und glücklich ist. Und es sind Ihre Augen und Ihr Mund. – Sie nehmen Ihr Gesicht wahr. – Wie wirken Sie, wenn es Ihnen gut geht?
Spüren Sie nun wieder Ihren Körper, wie Sie da in Ihrem Sessel sitzen. Und langsam spannen Sie Ihre Beine, Ihre Arme an – Sie strecken sich durch, atmen fünfmal tief ein und aus und machen sich dieses Wohlfühlen bewusst, so wie Sie ab sofort wissen, dass es an Ihnen liegt, täglich einfach gut drauf zu sein.

Bedenken Sie aber bitte: Es ist ansteckend!

7.3 Dein Bild in mir – mein Bild in dir!

Falls Sie der Reihenfolge der Kapitel gefolgt sind, erinnern Sie sich sicherlich noch an den Schluss des vorhergehenden Kapitels: Gut drauf zu sein ist ansteckend. Aber nicht nur das!

Viele von uns kennen den Effekt, den ein Einzelner durch seine Stimmung in einer Gruppe auslösen kann. Besonders deutlich wird es, wenn einige gut drauf sind, Spaß haben, lustig miteinander sind – und dann taucht er auf, dieser „Miesmacher", der aggressiv, lästig, ja einfach unsympathisch die wunderbare Stimmung zerstört.

Sie kennen wohl einen solchen Menschen. Und wenn Sie sich diese Person und deren Blick genau vorstellen, dann werden Sie es sofort schaffen, sich schlecht zu fühlen.

Ich hoffe, Sie wissen nun schon, wie Sie dem entgegenwirken können und welche Vorstellungen und Bilder Ihnen gut tun.

Professor Joachim Bauer ist zurzeit in aller Munde. Seine Erkenntnisse über die Spiegelneurone beeindrucken in der Medizin. In seinem Buch „Warum ich fühle, was du fühlst" schreibt er über die Resonanzphänomene des Alltags.

Es gibt Dinge, die Menschen schneller wehrlos machen können als alle Gewalt. Sie kennen sicherlich die Aussage: Ein Lächeln ist der beste Weg, einem anderen die Zähne zu zeigen. Unabhängig davon, welchem Zweck dieses Lächeln dienen soll, hat man, schneller als man denkt (im wahrsten Sinn des Wortes!), ein charmantes Lächeln erwidert.

Warum lächeln wir, wenn andere lächeln? Warum gähnen wir, wenn andere gähnen? Weshalb öffnen wir spontan den Mund, wenn wir ein Kleinkind mit einem Löffelchen füttern? Warum können wir andere Menschen spontan verstehen und uns in sie einfühlen?

Oder denken Sie daran, wie Sie selbst unverzüglich das Gesicht verziehen, wenn z. B. ein nahestehender Mensch von der Entfernung seines Fingernagels erzählt. Andererseits mag es amüsant sein zu sehen, wie beispielsweise bei einem Boxkampf die ZuschauerInnen aufspringen und mit der eigenen Faust den Schlag ausführen, der im Ring stattfindet oder stattfinden soll.

Joachim Bauer hat mit der Entdeckung der **Spiegelnervenzellen** (Spiegelneurone im Gehirn) eine großartige Antwort gefunden.

Überall, wo Menschen zusammen sind, passiert Folgendes: Menschen steigen auf Stimmungen anderer emotional ein und imitieren unbewusst dieses Gefühl. Verantwortlich dafür sind die Spiegelnervenzellen im Cortex (Hirnrinde). Wir haben eben dadurch die wunderbare Fähigkeit zur Resonanz (etwas zum Schwingen bringen).

Im Fall des „Miesmachers“ ist diese Fähigkeit wohl nicht unbedingt wünschenswert, umgekehrt ist ein ansteckendes Lachen ein einfacher Weg, gut drauf zu sein. Für die Praxis heißt dies demnach, sich dort aufzuhalten, wo Menschen sind, die Lebensfreude ausdrücken. Es ist tatsächlich wichtig, diese positiven Signale wahrzunehmen und Menschen zu begegnen, die in Liebe sind.

> Denken Sie jetzt an solche Menschen, die Ihnen einfach gut tun!
> Und sollten Sie einmal nicht gut drauf sein, wissen Sie ab sofort, wen Sie kontaktieren werden ...

Das „Spiegeln“ ist eng mit unserem Sehsinn verbunden. Daher biete ich Ihnen **zwei wohltuende Augenübungen** an, um Ihre visuelle Wahrnehmung zu stärken. – Öfter merken wir, dass unsere Augen überanstrengt sind; oftmals merken wir es nicht. Wenn Sie diesen Text hier lesen können, gehören Sie zu den glücklicherweise sehenden Menschen. Unsere Augen sind ein wunderbares Geschenk, wir sollten liebevoll und achtsam mit ihnen umgehen. Gönnen Sie also Ihren Augen hin und wieder ganz bewusst eine Auszeit. Wenn jemand eingeschlafen ist, bezeichnet man es hierzulande gerne als „Augenpflege“. Sie müssen aber nicht immer gleich einschlafen, wenn Sie Ihren Augen Gutes tun wollen.

In die Dunkelheit schauen

Reiben Sie Ihre Handflächen aneinander, bis Sie Wärme verspüren, und legen Sie dann Ihre beiden Hände mit leicht gewölbten Innenflächen über Ihre geöffneten Augen. Schließen Sie Ihre Augen und nehmen Sie bewusst die Dunkelheit wahr. Stellen Sie sich nun vor, wie Ihre Augen in den Augenhöhlen ruhen und wie viel Raum sie darin haben. Genießen Sie die Entspannung, um dann langsam wieder die Augen zu öffnen und mit erholtem Blick gegenwärtig zu sein.

Augendrehen

Schließen Sie die Augen. Schauen Sie beim Einatmen zuerst nach oben, beim Ausatmen nach unten. Dann einatmend nach rechts, ausatmend nach links. Spielen Sie ruhig auch mit dem Tempo Ihres Atems, bis Sie Ihr angenehmes Tempo gefunden haben. Genießen Sie die Übung, solange sie Ihnen Spaß macht.

8. Vom Zeithaben zum Zeitnehmen

Häufig höre ich die Aussage: „Dafür habe ich keine Zeit!“ Sie wird vor allem dann geäußert, wenn es darum geht, eigene Bedürfnisse zu erfüllen.

Zeit ist das Gut, das am gerechtesten verteilt ist. Wir alle haben in Wirklichkeit gleich viel Zeit, für Arm und Reich besteht der Tag aus 24 Stunden. Doch gehen Menschen mit ihrer Zeit so um, dass es mich an Rockefellers Ausspruch erinnert: „Wenn man jedem Menschen auf der Welt 100 Dollar gäbe, so hätte am nächsten Tag die eine Hälfte 200 Dollar und die andere nichts mehr.“ Entsprechend scheint es mit der Zeit zu sein.

Sie wissen, dass **Zeit zu haben** eines unserer Grundbedürfnisse ist und vor allem für unser Wohlsein eine enorme Bedeutung hat (vgl. Kapitel 5). Nun aber, wofür sollen Sie sich Zeit nehmen? Als Kinder hatten wir das Gefühl, die Zeit vergehe gar nicht, besonders wenn wir auf das Christkind warteten. Aber auch für Jugendliche scheint die Zeit oft zu schleichen, wenn sie darauf warten, endlich alt genug zu sein, um ausgehen zu dürfen, den Führerschein machen zu können ...

Erwachsene bekommen mit zunehmendem Alter mehr und mehr den Eindruck, die Zeit rase nur so dahin. Je älter man ist, desto schneller verfliegt die Zeit. Oder je kürzer die Lebensspanne noch ist, umso weniger Zeit hat man tatsächlich. In dem Bewusstsein, nur mehr wenig Zeit zum Leben zu haben, verschieben sich die Werte der Menschen. Wir entwickeln uns immer deutlicher vom **Haben** zum **Sein**.

Die erste Krebspatientin, die ich betreuen durfte, kam nach einem Arztbesuch völlig geschockt zu mir. Der Arzt hatte ihr offenbart, dass sie Knochenkrebs mit schlimmen Metastasierungen habe. Im Sinne der statistischen Ehrlichkeit machte er ihr klar, dass sie sich darauf einstellen solle, wahrscheinlich nur mehr zwei Monate zu leben. Die Frau tat sich verständlicherweise sehr schwer, diese Worte zu fassen.

Als Erstes fragte ich sie, wer dieser „Gott in Weiß“ sei, dass er so genau wisse, wann es für sie Zeit sei, sich aus diesem Leben zu verabschieden. Die Frau war sehr gläubig, was ich damals noch nicht wusste, aber vielleicht ahnte. Sie entschied sich in diesem Moment dafür, sich und ihr Leben in die Hände Gottes zu legen, und konnte somit die Aussage des Arztes loslassen.

Viel schlimmer war jedoch für sie die Erkenntnis, „tatsächlich“ sterben zu müssen. Obwohl wir alle wissen, dass wir irgendwann einmal sterben werden, wird es uns erst bewusst, wenn deutliche Hinweise da sind. Es gelang mir, sie in dieser Hinsicht ein wenig zu beruhigen, nachdem ich ihr klarlegte, dass jeder Mensch diesen Weg zu gehen hat, aber niemand von uns wirklich weiß, wann es so weit ist. Schon heute könnte ich die letzten Zeilen geschrieben haben ... Die bewusste Auseinandersetzung mit dem Tod halte ich für eine notwendige Voraussetzung für ein glückliches Leben.

Mein Lebensmotto: „Lebe so, als wäre jeder Tag der letzte deines Lebens!“ So geht es wohl darum, das Richtige im Leben zu tun. Was ist nun der Sinn des Lebens? – Nicht nur PhilosophInnen grübeln darüber nach, um zur einzig wahrhaftigen Antwort zu kommen: „Der Sinn des Lebens ist **leben**!“

Und diese liebenswerte krebskranke Frau, an die ich mich oft dankbar zurückerinnere, weil sie mich durch ihr Dasein sehr berührt und mich somit vieles über das Leben gelehrt hat, durfte noch drei Jahre glücklich leben. Diesen Umstand hat sie immer wieder betont. Das Bewusstsein des nahenden Todes hat ihr deutlich werden lassen, wie wichtig es ist, mit der Zeit gut umzugehen und vor allem das zu tun, was einem selber gut tut.

Nehmen Sie sich ein bisschen Zeit für die anschließende **Gehmeditation**:
Es geht darum, die eigenen Bewegungen ganz bewusst wahrzunehmen. Sie können die Gehmeditation überall ausführen, am schönsten ist es, wenn Sie dafür in die Natur gehen.

Stellen Sie sich vorerst gut geerdet hin, mit beiden Beinen fest auf dem Boden.
Bemerken Sie, wie Ihre Füße Kontakt zu Mutter Erde haben, stellen Sie sich vor, mit dieser Erde verwurzelt zu sein.
Schließen Sie Ihre Augen und atmen Sie ein paar Mal tief durch.
Dann öffnen Sie die Augen wieder und gehen Schritt für Schritt vorwärts.
Zählen Sie drei Schritte für das Einatmen, dann drei für das Ausatmen.
Als Nächstes vier für das Einatmen, vier für das Ausatmen.
Dann fünf Schritte für Ein- und Ausatmen.
Nun gehen Sie auf vier und weiter auf drei Schritte zurück.
Gehen Sie in diesem Rhythmus mehrere Male, solange es Ihnen Spaß macht.
Während des Gehens nehmen Sie Ihren Körper ganz bewusst wahr.
Alles, was wichtig ist, ist **jetzt**!

9. Auch Nein-Sagen will gelernt sein!

Die Kunst, glücklich zu sein,
liegt in der Beschränkung.
Wilhelm Schmid

Glück heißt, das zu tun, was ich selber für richtig und angemessen halte. Dass es oft schwer ist, es allen recht zu machen, zeigt eine bekannte Parabel:

Ein Vater ging mit seinem Sohn auf einen Viehmarkt, um einen Esel zu kaufen. Mit diesem Tier machten sich die beiden auf den Heimweg. Als ein Wanderer sah, dass die beiden neben dem Esel hergingen, verspottete er sie und meinte: „Warum reitet keiner von euch auf dem Esel?" Nach kurzer Überlegung setzte sich der Sohn auf das Tier und sie zogen weiter. Wieder kam ihnen ein Wanderer entgegen, der empört ausrief: „Du solltest dich schämen, Bursche! Du hast doch junge Beine, lässt aber deinen Vater nebenher laufen!" Also bestieg der Vater den Esel und sie setzten ihren Weg fort. Abermals trafen sie einen Wanderer, der sich entrüstete: „Du solltest dich schämen! Du bist doch ein starker Mann und lässt deinen zarten Sohn gehen, während du bequem reitest!" Daraufhin ritten Vater und Sohn auf dem Esel. Bald trafen sie einen Wanderer, der sie sogleich beschimpfte: „Was seid ihr doch faule Menschen! Und das arme Tier muss euch beide als schwere Last tragen!" Daraufhin entschlossen sich Vater und Sohn, den Esel an eine Stange zu binden und nach Hause zu tragen.

Der Weg zum Glück ist einfacher, als viele glauben. Wir neigen dazu, Glück als Dauerzustand anzustreben und somit Trauer und Schmerz keinen Platz zu geben, d. h. aber, dem Leben keinen Platz zu geben.

Wichtig ist, auf unsere innere Stimme horchen zu lernen, wenn wir uns fragen, was wir wirklich brauchen. (Oft ist das viel weniger, als wir glauben.)

Zahlreiche Studien bestätigen: Zu viel von allem macht unglücklich. – **Weniger ist mehr!**

9.1 Von Egoisten und Egozentrikern

Wenn ich also gesund bleiben und – dem Thema des Buches gemäß – gut drauf sein will, brauche ich die Erkenntnis, **was mir gut tut**. Häufig scheinen das die anderen offenbar viel besser zu wissen. Sie meinen es doch so gut mit uns!

Die – sprachlich unrichtige – Steigerungsform von gut ist gut gemeint. Wenn wir immer das tun, was die anderen von uns wollen, dann werden wir **„gelebt"**. Also nehmen Sie Ihr Leben selber in die Hand und stellen Sie sich einen Tag lang konsequent die Fragen: „Was will **ich**? Was tut mir **jetzt** gut?" Tun Sie das vor allem dann, wenn andere etwas von Ihnen wollen oder Sie **zu** etwas überreden oder **für** etwas gewinnen wollen.

Die dabei erhaltenen Antworten sollten dann gleichzeitig die Einladung zum Handeln sein.

Vielleicht sehen Sie, wie Sie dabei sind, die Kleider eines Egoisten anzuziehen – dann gratuliere ich Ihnen ganz herzlich! Der Welt mangelt es an Egoisten, an gesunden Egoisten. An Menschen, die gelernt haben, sich und ihre Bedürfnisse wahrzunehmen und diese in liebevoller Weise zu äußern. Da der Egoist, weil falsch verstanden, so abgewertet wird, werden dem Egozentriker Tür und Tor geöffnet. Der Egozentriker tut, was er will, ungeachtet, wie es anderen damit ergeht, und „koste es, was es wolle".

Ein wesentlicher Grund, nicht gut drauf zu sein, besteht darin, sich wieder einmal nicht **ernst** genommen und gegen sich selbst gehandelt zu haben. Natürlich sind unsere Mitmenschen (häufig Vorgesetzte ...) sehr gut darin trainiert, ihre eigenen Wünsche durchzusetzen. Oft gelingt es ihnen mit der zweckgerichteten Schmeichelmethode: „Du bist einfach die Beste auf diesem Gebiet ..." So etwas lässt **man** sich wohl nicht zweimal sagen – oder doch? Viele Menschen nehmen sich zu wichtig, aber leider nicht **ernst genug!**

Die Zauberformel zum Sich-ernst-Nehmen: Sag **Ja** zu **dir** und eventuell dadurch **Nein** zu anderen.

Warum fällt uns dieses **Nein zu anderen** so schwer? – Weil wir Angst davor haben, den anderen damit zu verletzen, zu kränken, zu enttäuschen oder zu verärgern. Da halten wir schon lieber selber durch oder unangenehme Situationen aus, weil uns darf man ja verletzen und kränken. Oft sagen wir lieber ein unehrliches **Ja**, weil wir fürchten, wir könnten sonst die Liebe und Zuwendung verlieren.

Viele Menschen erlebten ihre Erziehung als ein reines Funktionierenmüssen: „... wenn du das und das tust, liebe ich dich!" Wie schön fühlt es sich an, wenn Sie hören: „**Es** ist so schön, dass es dich gibt!" Sollte heute (noch) niemand auf die Idee gekommen sein, Ihnen das zu sagen, dann ersuche ich Sie, kurz das Buch zur Seite zu legen und, wenn vorhanden, in den Spiegel zu schauen und sich diesen Satz selber zu gönnen: „Es ist so schön, dass es mich gibt!"

Es ist ganz alleine meine Verantwortung, ob ich Ja zu mir selber sage oder ob ich mich von anderen gegen meine Überzeugung benutzen lasse und nicht ehrlich zu mir und den anderen bin. Die Frage ist außerdem, ob andere diesen unehrlichen Umgang verdient haben.

Mein Silvesterspruch 2006 (jedes Jahr gebe ich mir auf diese Weise einen Lebensauftrag) lautete: „Wenn du dort, wo du bist, wahrhaftig bist, dann stiftest du Frieden." Nein sagen, weil es „wahrhaftig" ist, macht mich und den anderen frei und wieder handlungsfähig.

Eine der Paradoxien im Leben heißt: „Werde frei und setze Grenzen!"

Nein sagen heißt **abgrenzen** und **frei** werden. Damit ich Nein sagen kann, muss ich meine Grenzen kennen. Ganz instinktiv, wie wir es von unseren tierischen Freunden her kennen, haben auch wir ein **Revierverhalten**. Jeder Grenzübertritt stört, und als Folge davon wird unsere Stimmung getrübt.

Denken Sie wieder an die Konferenzzimmersituation! Wer bedroht Ihr Revier? ... Und weiß es der- oder diejenige überhaupt? In unserem Bestreben, „brav zu funktionieren", verbergen wir auf geniale Weise unsere Grenzen. Was es außerdem schwierig macht, ist die Tatsache, dass wir viele unserer Grenzen eben unbewusst ziehen – wir kennen sie also nicht wirklich.

Ich erinnere mich an die Situation mit meiner Freundin. Wir saßen beide an ihrem Schreibtisch, ich neben ihr, beide waren wir in eine Schreibarbeit vertieft. Ich legte die fertigen Zettel zur Seite, ohne zu merken, dass ich offensichtlich in das Revier meiner Freundin eindrang. Und obwohl wir uns beide wirklich sehr nahe sind, schob sie, vertieft in ihre Arbeit, meine Zettel zurück. Als ich es „erkannte", fing es an, mir Spaß zu machen ..., bis auch sie es bemerkte!

Die Grenzen der Menschen sind unterschiedlich und vor allem keine fixe Angelegenheit. Sie kennen z. B. das deutliche Nord-Süd-Gefälle: Je südlicher Sie fahren, umso mehr fällt die Distanziertheit der Menschen zugunsten von mehr Nähe.

Weil wir Menschen unterschiedliche Grenzen haben, können wir auch nicht von uns auf andere schließen, d. h., wir brauchen alle Rückmeldungen über Grenzen und etwaige Verletzungen. Es ist meiner Meinung nach sehr unfair und unachtsam sich und vor allem auch anderen gegenüber, diese Rückmeldungen zu unterlassen. Natürlich hängt unser Nähe-/Distanzbedürfnis auch von unserer eigenen Stimmungslage ab. Es gibt eben Tage, da sollte uns niemand zu nahe kommen!

9.2 Liebevoll Nein sagen üben

Das NEIN,
das ich endlich sagen will,
ist hundertmal gedacht,
still formuliert,
nie ausgesprochen.
Es brennt mir im Magen,
nimmt mir den Atem,
wird zwischen meinen Zähnen zermalmt
und verlässt als freundliches JA meinen Mund.

Peter Turrini

9. Auch Nein-Sagen will gelernt sein!

Sie haben Angst vor einem Nein und riskieren lieber, einen Tag oder länger schlecht drauf zu sein? Aber soweit ich mich erinnere, möchten Sie diesen Zustand ja ändern, denn Sie haben mittlerweile erkannt, dass

- Sie **Wahrhaftigkeit** leben wollen,
- es anderen gegenüber unfair ist, diese zu täuschen und somit unehrlich zu sein,
- Sie dadurch (zu Recht) nicht (mehr) ernst zu nehmen sind,
- Sie anderen die Schuld für Ihr Unwohlsein geben möchten (die jedoch nichts damit anfangen können),
- Sie ab sofort liebevoll und achtsam mit allen Menschen (einschließlich **sich selber**) umgehen werden!

Sie haben Angst vor einem Nein – und das zu Recht! „Ein Nein allein ist gar nicht fein!" Ein Nein ohne Begründung ist hart und abweisend.

Daher einige bewährte Tipps zum Nein-Sagen:

Begründen Sie Ihr Nein immer.	„Nein, **weil** ..."
Bieten Sie Alternativen an.	„Heute habe ich leider keine Zeit, aber Donnerstag oder Freitag würde ich mir gern Zeit für dich nehmen ..."
Erfragen Sie Konsequenzen des Nein.	„Wäre es sehr schlimm für dich, wenn ich jetzt Nein sage ...?" „Was würde passieren, wenn ich Nein sage ...?"
Nicht sofort entscheiden, sich eine Nachdenkpause gönnen.	„Ich möchte darüber noch in Ruhe nachdenken. Kann ich dich morgen anrufen?"

Nein sagen will geübt sein. Überlegen Sie, welches Nein Ihnen selber am meisten zusagt, es wird dasjenige sein, welches Sie am authentischsten, am echtesten anwenden werden.

10. Festhalten vs. Loslassen

Als Studentin gönnte ich mir den Luxus (aus heutiger Sicht, denn damals war es fast selbstverständlich), fünf Wochen lang griechische Inseln zu bereisen. Gemeinsam mit drei FreundInnen, Tramperrucksack und Zelt waren wir unterwegs – wenig anspruchsvoll, was unser Nachtlager und die tägliche Konsumation betraf.

Unser Weg führte uns zufällig nach Anafi – auf eine kleine Vulkaninsel. Der große Dampfer für die Überfuhr ließ uns ca. 700 m von der Insel entfernt in ein kleines „anafianisches" Fischerboot umsteigen. Wir wurden freundlichst begrüßt und es ging los. Die Fischer hatten als Englisch sprechenden Dolmetsch den Postbeamten der Insel mitgebracht. Ein damals etwa 25-jähriger, sehr zufrieden wirkender Mann, der uns erzählte, dass noch ca. 150 EinwohnerInnen auf Anafi waren, dass einmal wöchentlich der einzige Bäcker Brot backte und noch weitere Notwendigkeiten. Wir wollten drei bis vier Tage auf der Insel bleiben. Spätestens am vierten Aufenthaltstag hatten wir begriffen, dass die Gesetze auf Anafi unserem Denken von Strukturiertheit, Verpflichtung und Ordnung absolut zuwiderliefen. Täglich räumten wir unser Strandlager, um am Hafen per Telegraf zu erfahren, dass der Dampfer wieder nicht Kurs auf die Insel nahm, da keine Ankömmlinge dabei waren. An Abreisende verschwendete man offenbar keinen Gedanken. Anfangs wurden wir unruhig, ärgerlich, setzten uns unter Druck (was in Anbetracht unserer Urlaubssituation vollkommener Nonsens war).

Mit der Zeit – immerhin blieben wir insgesamt zehn Tage – begannen wir dieses Leben zu begreifen und sogar zu genießen. Die Fischer nahmen uns auf ihre Bootsfahrten mit, wir starrten Löcher in die traumhafte Landschaft, spürten den sanften Wind, hörten den Wellen zu und mehr als einmal täglich äußerten wir das Gefühl, glücklich zu sein.

Wir hatten nichts – und doch hatten wir so viel, nämlich uns selber, ein Eingebettetsein in das Leben und **Zeit**, unendlich viel Zeit. Wir lebten nicht mehr nach der Uhr, sondern nach unserem Spüren und Fühlen.

Wenn ich heute daran denke, erfasst mich ein Stück dieser Erinnerung und ich werde innerlich ganz ruhig. Besonders gut erinnere ich mich noch an unsere Rückkehr nach Salzburg. Es war alles laut, schnell, hastig, einfach verrückt!

Anafi ist mein Zugang zum Loslassenlernen.

10.1 Festhalten

Es macht Sinn, zu verschiedenen Zeiten Verschiedenes festzuhalten. Gleichzeitig lehrt uns das Leben, dass krampfhaftes Festhalten bereits zum Loslassen zwingt. – Wieder einmal alles zu seiner Zeit und im richtigen Ausmaß. Krampfhaftes Festhalten blockiert, verhindert den Fluss des Lebens.

Mir fällt dazu die Geschichte vom Affen ein, der vor einem mit Nüssen gefüllten Gurkenglas sitzt. Freudig darüber, alle Nüsse zu bekommen, greift er hinein, nimmt eine Handvoll Nüsse und schafft es nicht mehr, die Hand aus dem Glas zu ziehen. Was soll er tun? – Festhalten oder loslassen …?

In meinen Seminaren werde ich häufig mit dem Problem des **Nicht-abschalten-Könnens** konfrontiert. Viele LehrerInnen – und es trifft wieder einmal ungerechterweise die sehr engagierten (ich bin überzeugt, dass es diejenigen sind, die dieses Buch lesen!) – nehmen die Schule mit nach Hause oder, noch schlimmer, mit in den Urlaub.

Eine Kollegin beschreibt es so: „Nach einem fordernden Schultag und viel Ärger mit den SchülerInnen kann ich zu Hause nicht abschalten. Ich kann nicht schlafen und auch das Wochenende ist im Eimer. Mein Freund gibt mir dann den Rat, diese Probleme zur Seite zu schieben, aber es gelingt nicht wirklich." – Ich nehme an, diese Kollegin ist in guter Gesellschaft.

Probleme sind scheinbare Sackgassen. Man sieht in der Enge nur den einen Weg und kommt plötzlich an das Ende. – Ein überaus unangenehmes Gefühl und am liebsten würden wir davonrennen.

Wir brauchen also einen anderen Weg. Und es gibt nicht nur einen, sondern gleich mehrere! Wie heißt es so schön: Alle Wege führen nach Rom. Nun, es muss ja nicht gleich Rom sein …

10.2 Loslassen

Entwicklungsbedingt neigen wir vorrangig zum Festhalten. Hätten wir es nicht getan, wären wir nicht auf der Welt. Wenn uns eine Sache lieb und wert ist, halten wir daran fest. Aber auch wenn, wie in unserem Fall, etwas durch Belastung und Ärger negativ besetzt ist, beschäftigt es uns immer wieder. Loslassen können wir erst dann, wenn es gelöst bzw. abgeschlossen ist. Unabgeschlossenes holt uns immer wieder ein. Umgekehrt führt ständiges Loslassen zu Haltlosigkeit, Isolation und letzten Endes zum Tod.

Natürlich ist es möglich, etwas für eine **bestimmte Zeit** zur Seite zu schieben, so wie es der gut gemeinte Rat des Freundes war. Wir haben, wie Sie wissen, die mentale Kraft dazu. Allerdings soll dieser Schritt sehr bewusst vollzogen werden: Praktizieren Sie das von mir benannte „pantomimische Loslassen".

> Suchen Sie sich dafür einen ganz bestimmten **„Abstellplatz"** aus, am besten irgendwo, wo er Sie am wenigsten stört oder tangiert. Packen Sie in Ihrer Vorstellung die schulischen Probleme und Angelegenheiten, indem Sie sie gedanklich benennen, in einen Rucksack. Nehmen Sie diesen imaginären Rucksack und platzieren Sie diesen bewusst auf dem Abstellplatz.
> Es ist wichtig, diesen Rucksack in Ihrer Vorstellung wirklich hinzustellen. Sie sind Ihr eigener Pantomime und stehen Samy Molcho in keiner Weise nach.

Solange uns etwas beschäftigt, lässt es uns eben nicht los. Wenn Sie z. B. TeilnehmerIn einer moderierten Diskussion sind und der Moderator vergisst, Ihren – wohlgemerkt wichtigsten – Beitrag auf dem Flipchart festzuhalten, können Sie nicht mehr loslassen. Die restliche Diskussion wird für Sie uninteressant, Sie sind blockiert. Und zwar so lange, bis sich der Moderator seines Fehlers bewusst wird und Ihren Beitrag platziert.

Eine andere Möglichkeit (die auch beim „Abstellplatz" nicht ausbleibt) ist es, Lösungen zu finden. Loslassen braucht **Lösung**! Ich biete Ihnen dazu einige hilfreiche Fragen an:

- Was macht das Problem zum Problem? Woran liegt es?

Am/An ...

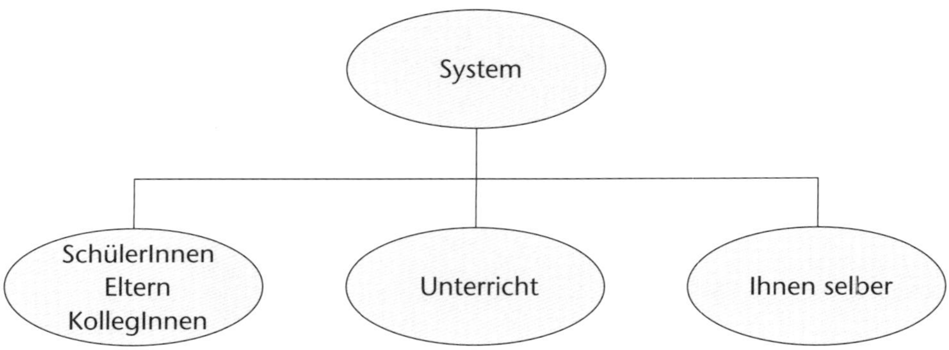

- Formulieren Sie Ihr Problem – bringen Sie es auf den Punkt: **Mein Problem ist ...** (*Beispiel:* ..., dass ich mich intensiv vorbereite und diese drei Schüler immer wieder stören.)
- Was ist Ihr **Ziel** – was wollen Sie erreichen?
  Achtung: Das wichtigste Merkmal eines Zieles ist, dass es unter Ihrer Kontrolle steht, d. h., Sie haben es in Ihrer Hand (siehe Abschnitt 14.2).
  Wenn ich also möchte, dass diese drei Schüler unseres Beispiels begeistert sind, ist es wohl fürs Erste ein frommer Wunsch. Allerdings kann ich mir Gedanken über andere Möglichkeiten meines Vortrages machen usw., denn das liegt in meiner Hand.
  Mein erreichbares Ziel könnte demnach lauten: Ich überlege mir die Stärken dieser Schüler und wähle meine Präsentation danach aus.
- Was werden Sie **tun**:
  Sammeln Sie alle Lösungsmöglichkeiten, die Ihnen dazu einfallen.
  Wählen Sie die besten Möglichkeiten aus.
  Setzen Sie diese um.

Möglicherweise ist Ihr Problem aber so komplex, dass es sinnvoll ist, sich von einem/r ExpertIn beraten zu lassen. Gesunde Menschen erkennen, wann Unterstützung notwendig ist. Und sich unterstützen zu lassen, tut gut.

11. Kraftquellen entdecken

Jeder Mensch kennt bestimmte Kraftquellen, die – mehr oder weniger bewusst eingesetzt – uns immer wieder ins Gleichgewicht gebracht haben. Wie Sie wissen, bedingt jeder Energiemangel ein körperlich-seelisches Ungleichgewicht. Wir bemerken es in einem Unwohlsein und je nachdem, ob wir entsprechend reagieren oder nicht, stellen wir ein Wohlgefühl her oder wir werden krank. Unser Körper möchte gesund bleiben und jedes Symptom ist ein Hinweis, dass etwas nicht passt und es einer Veränderung bedarf.

Vor einiger Zeit kam eine Lehrerin zu mir mit der Feststellung: „Seit vier Wochen bin ich irgendwie durch den Wind. Ich kriege nichts mehr so recht auf die Reihe, alles regt mich auf. Ich fühle mich verunsichert und ängstlich. Plötzlich kommen Gedanken, die mir bis jetzt fremd waren, wie: Du musst besser auf die Schüler aufpassen, es könnte was schiefgehen. Dein Unterricht ist katastrophal, du bist in diesem Beruf fehl am Platz! ..." Es fielen ihr noch etliche Vorwürfe ein, deren Beweggrund nach eingehender Analyse jedoch fehlte.

Das Gespräch zeigte sehr deutlich, dass sich unsere Kollegin massiv verausgabt hatte. In ihrem absoluten Engagement, dazu kamen noch etliche private Herausforderungen wie die Betreuung der pflegebedürftigen Mutter, hatte sie vergessen, ihren eigenen Energiehaushalt wahrzunehmen. So hatte sie natürlich nicht gemerkt, dass ihr energetisches Gleichgewicht aus dem Ruder gelaufen war und sie sich bereits in einem deutlichen Erschöpfungszustand befand.

Auf die Frage, was ihr gut täte, wusste sie wie so viele andere „entleerte" Menschen vorerst keine Antwort. Mit der Frage nach **früheren Kraftquellen** kamen wir der Sache schon näher. Sie erinnerte sich an ausgedehnte Spaziergänge, für die sie sich jetzt keine Zeit mehr nahm, Caféhausbesuche mit FreundInnen, ausgiebige Stadtbummel, Entspannung bei klassischer Musik und noch vieles mehr.

Wenn Sie AutofahrerIn sind, werden Sie wahrscheinlich immer wieder darauf bedacht sein, rechtzeitig zu tanken, um ein ungewolltes Stehenbleiben zu vermeiden. Ganz anders sind wir oft in der Aufmerksamkeit uns selber gegenüber. Regelmäßig sollen wir unsere Kraftquellen aufsuchen, um Energie zu tanken. Wenn unser eigener Energielevel unter seinen Durchschnittswert sinkt, dann ist es höchste Zeit aufzutanken. Allerdings haben viele Menschen in kraftlosen Zeiten auch keine Energie mehr, sich ihrer Kraftquellen zu erinnern.

Ich denke an eine Lehrerin, die auf die Frage, was ihr gut täte, meinte: „Zuerst müsste ich all den Ballast, den ich mit mir herumschleppe, loswerden!" Es waren die vielen kleinen Alltäglichkeiten, die ihr nicht nur das Leben, sondern auch den Kopf schwer machten. – Manche Menschen haben einfach die Fähigkeit, alles und jedes förmlich aufzusaugen, wie ein Müllschlucker. Bei ihnen geht es – wie bei dieser Kollegin – vorerst um eine „Müllentsorgung".

Falls Sie zu Hause eine Dusche haben (was ich fast annehme), hier eine ganz einfache und vor allem angenehme Übung: Stellen Sie sich unter die Dusche und malen Sie sich aus, wie Sie den Ballast des Tages in den Ausguss fließen lassen. Je konkreter Sie Ihre Gedanken darauf konzentrieren, desto stärker ist die Wirkung.

Sollte keine Dusche verfügbar sein, stellen Sie sich gut geerdet mit leicht gegrätschten Beinen hin und gönnen sich dabei folgende Visualisierung (Sie können dabei auch die Augen schließen):

Helles, universelles Licht hüllt Sie ein. Dieses Licht erscheint wie ein Lichtkegel am Himmel und dieser Lichtkegel fällt auf Sie herab. Langsam bewegt sich der Lichtkegel auf Sie zu und umgibt zuerst Ihren Kopf. Sie spüren ganz deutlich die reinigende Kraft des Lichtes in Ihrem Kopfbereich. Dann wandert das Licht Ihren Körper „Stufe für Stufe" hinab und befreit Sie von allem, was Sie loslassen wollen und sollen, bis hinunter zu Ihren Füßen. Sie spüren, wie leicht sich alles anfühlt und wie befreit sich Ihr Körper fühlt.

Sie können dieses geistige Reinigungsritual mehrmals wiederholen, so oft es einfach angenehm für Sie ist.

Um nach der Reinigung noch Kraft zu tanken, erschließen Sie die Quelle unter Ihren Füßen, tanken Sie von „Mutter Erde".

Stellen Sie sich vor, wie Ihre Füße in die Erde wurzeln. Diese Wurzeln werden länger und Sie merken, wie sehr Sie mit dieser Erdmutter verbunden sind. Sie spüren die Kraft und Stärke, die Sie durch Ihre Wurzeln in den Körper aufsteigen lassen. Diese Erdkraft verteilt sich in Ihrem ganzen Körper, jede Zelle wird angereichert mit Lebenskraft. Sie spüren, wie Ihre Vitalität gesteigert wird.

Und so nehmen Sie den Lebenskreislauf an sich selber wahr: einerseits durch die Reinigung und andererseits durch die Energetisierung. Lassen Sie diesen gedanklichen Prozess mehrmals vor Ihrem inneren Auge ablaufen und genießen Sie diese Wirkung.

Es ist natürlich wichtig, richtig aufzutanken. Wenn Sie ein Dieselfahrzeug fahren, sollten Sie auf keinen Fall Superbenzin tanken. Was also brauchen Sie wirklich, um wieder in Fahrt zu kommen?

Ich empfehle, an einem gut einsehbaren Platz eine **Kraftquellenliste** aufzuhängen. Schreiben Sie noch heute eine **„Was tut mir gut"-Liste**. Und ergänzen Sie diese immer wieder! Überlegen Sie dabei vor allem, ob das, was Sie hier eintragen, etwas ist, das tatsächlich Energie gibt. Manches Mal steht auf diesen Listen u. a. „Freunde/Freundinnen treffen". Was aber, wenn es unter den FreundInnen einige „Vampire" gibt?

Also nochmals: Es ist ganz wichtig zu realisieren, dass Kraftquellen Energie geben!

Wenn diese Liste an einem guten Platz hängt, dann sind Sie täglich eingeladen, einen Blick darauf zu werfen, um sich jeden Tag zumindest ein Geschenk daraus zu machen.

Sie haben somit erkannt, dass es zum einen darum geht, das zu finden, was stärkt, andererseits aber auch um ein Bewusstmachen und Pflegen dieser Kraftquellen.

Denn wer darauf vergisst aufzutanken, der bleibt stehen und kommt nicht mehr weiter.

12. Einige Tipps zum Gut-drauf-Sein

12.1 Tipps zum Entschleunigen

Wohin mit meiner Energie? – Wir rasen durch die Welt, getreu dem Spruch: Wer schneller lebt, ist früher fertig. Ein befreundeter Arzt hat diesen Satz umformuliert: Wer schneller lebt, ist früher tot. Dass unser Leben gewiss im Tod enden wird, ist klar, aber soll dieses Ziel so nahe sein?

Wenn unser Energiepegel gerade sehr hoch ist, tun wir uns normalerweise schwer, uns in Gelassenheit fallen zu lassen. Wir müssen einige Gänge zurückschalten. Dazu lade ich Sie nun ein.

Mit einer einfachen Entschleunigungsübung können Sie gut überschüssige Energie abbauen, um wieder in Ihr Gleichgewicht zurückzufinden. Diese Übung geht angeblich auf Errol Flynn zurück, den berühmten Darsteller von Seefahrern und Piraten.

Ha!

Stellen Sie sich aufrecht hin, mit beiden Beinen fest auf dem Boden stehend.

Stehen Sie leicht gegrätscht und beugen Sie Ihre Knie ganz leicht durch.

Konzentrieren Sie sich auf Ihren inneren Energiefluss und sammeln Sie nun all Ihre Energie. Ballen Sie die Fäuste, spannen Sie Ihre Arme und Beine an, so lange, bis Sie richtiggehend unter Strom stehen.

Dann springen Sie mit einem kraftvollen Satz nach vorne, strecken die Arme aus und rufen ein lautes, befreiendes „Ha!".

Lassen Sie mit diesem Schrei und Sprung alle überschüssige Energie los.

Spüren Sie dann das wohltuende Gefühl des Loslassens und der Entspannung.

Sie können diese Entschleunigungsübung mehrmals wiederholen, so wie es Ihnen Spaß macht.

12.2 Tipps für eine positive Stimmung

Eric Malpass schrieb das Buch „Morgens um sieben ist die Welt noch in Ordnung!". Mitnichten, ich als absoluter Morgenmuffel kann diesem Satz nichts abgewinnen. Allerdings weiß ich so gut wie Sie, dass niemand seiner Stimmung ausgeliefert sein muss. Erinnern Sie sich, wann Sie das letzte Mal in heiterer und unbeschwerter Stimmung waren? Da war die Welt auf alle Fälle in Ordnung.

Woran merken wir, dass jemand einfach gut drauf ist? Ganz einfach, wir nehmen es wahr, das heißt: Wir sehen und hören es. Nur zu sagen: „Ich bin gut drauf", und dabei ein trauriges Gesicht zu machen, würde uns sofort irritieren und klarlegen, dass etwas nicht stimmt. Außerdem können wir es spüren und fühlen.

Die wunderbare Leichtigkeit des Seins fußt auf Gelassenheit, Heiterkeit und Humor sowie der Erlaubnis zu genießen und der Achtsamkeit sich und anderen gegenüber. Unsere eigene Lebensgeschichte mit ihren Erfahrungen, die besonderen Zufälle (was fällt uns alles zu?), unsere Erkenntnisse und Fähigkeiten sind verantwortlich dafür, wie und ob wir positiv gestimmt durchs Leben schreiten. Unsere positive Gestimmtheit ist umgekehrt Voraussetzung für ein erfolgreiches, glückliches Leben (aber das wissen Sie bereits).

Zehn positive Stimmungsverstärker:

1. **Werfen Sie einen Blick in den Spiegel.** Falls keiner vorhanden ist, stellen Sie ihn sich einfach vor. Sie blicken fröhlich, Ihre leuchtenden Augen strahlen Sie an, Ihre Mundwinkel zeigen nach oben und Ihre herzensfröhliche Ausstrahlung ist eine Sympathiekundgebung ersten Ranges.
2. **Nutzen Sie jede Gelegenheit:** Heiterkeit braucht Übung, bei manchen Menschen mehr, andere haben es offensichtlich im Blut. Gönnen Sie sich fröhliche Menschen und kosten Sie solche Momente aus. Karikieren Sie Lebenssituationen (auf diese Weise sind Filme wie die von Mr. Bean entstanden). Manche Hoppalas sind, wenn sie gut überstanden wurden, im Nachhinein „urkomische Szenen".
3. **Schenken Sie Banalitäten keine Beachtung:** Stellen Sie sich drei Fragen, wenn ein unangenehmes Ereignis droht, Ihre Laune zu verderben:
   - Welche Größenordnung hat das Ereignis in Wahrheit für mich?
   - Werde ich in drei Tagen noch daran denken?
   - Welchen Vorteil hat es, wenn ich mir jetzt davon die Stimmung verderben lasse?
4. **Machen Sie sich selber häufig eine Freude:** Sie gehören zu jenen Menschen, die sich durch ein hohes soziales Verantwortungsbewusstsein auszeichnen. Das heißt auch, dass Ihr Fokus immer auf das Wohlgefühl der **anderen** gerichtet ist. „Man sieht sich ja mit den eigenen Augen so schwer!" Richten Sie Ihre Aufmerksamkeit auf sich selber und Ihre eigenen Bedürfnisse. Wir brauchen regelmäßige Auszeiten zum Innehalten und Genießen. Nur wenn wir innehalten, können wir genießen und unsere Lebensfreude stärken.
5. **Lernen Sie die „kleinen Dinge" sehen** und nehmen Sie sich Zeit, auch diese zu genießen: Machen Sie sich bewusst, wie schön die Natur ist. Nehmen Sie den blühenden Baum wahr und geben Sie sich für diese Wahrnehmung Zeit. Die kleinen Dinge des Alltags haben häufig die größte Wirkung. Nehmen Sie das liebevolle SMS vom Partner nicht als selbstverständlich hin – schon morgen könnte es jemand anderer bekommen. Erlauben Sie sich, Ihre Begeisterung zu leben!
6. **Üben Sie sich in Gelassenheit:** Gönnen Sie sich zwischen zwei Aktivitäten eine Minute der Muße und Besinnung, um sich Gelassenheit zu bewahren.
7. **Achten Sie auf Ihre eigenen Worte.** Sie wissen:
   „Achte auf deine Gedanken, denn sie werden deine Worte.
   Achte auf deine Worte, denn sie werden deine Gefühle.
   Achte auf deine Gefühle, denn sie werden dein Verhalten.
   Achte auf deine Verhaltensweisen, denn sie werden deine Gewohnheiten.
   Achte auf deine Gewohnheiten, denn sie werden dein Charakter.

Achte auf deinen Charakter, denn er wird dein Schicksal.
Achte auf dein Schicksal, indem du jetzt auf deine Gedanken achtest."
(aus dem Talmud)

8. **Lachen Sie sich gesund:** Sollte Ihnen ein Lächeln dennoch zu wenig sein, dann lachen Sie. Lachen ist wunderbar, ansteckend und außerdem verbessert es unser Immunsystem, baut Stress ab, wirkt schmerzstillend und kreislaufregulierend und durchflutet den Körper mit Sauerstoff. Ein Lachmuskeltraining ist die beste Entspannung und vor allem so lustig. Die Gelotologie (Lachforschung, von griech. *gelos*, lachen) bestätigt: „Wer lacht, lebt länger – und gesünder."
9. Sammeln Sie alle Ideen, deren Umsetzung Sie **ins Gleichgewicht** bringt: Schreiben Sie sich eine Liste von Möglichkeiten, die Ihr Wohlfühlen stärken. Denken Sie an Ihre Hobbys, vielleicht gibt es auch welche, die bisher nur als Wunschvorstellung existiert haben. Diese Liste ist täglich erweiterbar und außerdem jederzeit verfügbar. In Momenten des „Ungleichgewichts", wenn wir alles andere als gut drauf sind, steht sie Ihnen zur Verfügung. In Zeiten des Unwohlseins entfallen uns oft diese hilfreichen Ideen und voilà: Hier sind sie. Allein die Feststellung, nicht mehr der unangenehmen Stimmung ausgeliefert sein zu müssen, bewirkt schon Wunder.
10. **Darf ich Sie also bitten.** Apropos, wann haben Sie das letzte Mal Ihr Tanzbein geschwungen? Könnten Sie sich vorstellen, durch Tanzen Ihr energetisches Gleichgewicht wieder herzustellen? Wenn ja, dann tun Sie es! Vielleicht meinen Sie nun, dass es außer Ihnen keinen tanzfreudigen Menschen in der Nähe gibt. Ich empfehle Ihnen trotzdem: Organisieren Sie sich! Tanzen Sie nötigenfalls auch alleine. Viele Menschen nützen die Möglichkeit von sogenannten Taxi-TänzerInnen, das sind vom Tanzlokal organisierte und auf das Tanzen ausgerichtete TänzerInnen. Die positiven Auswirkungen dieses Vergnügens sind nachgewiesen:
    - Alltagsstress wird ganz rasch abgebaut. Wer sich im Kreise dreht und noch dazu einen lieben Menschen in den Armen hält, produziert Glückshormone.
    - Das vegetative Nervensystem wird gestärkt, Belastungen sind besser verkraftbar.
    - Der gesamte Stoffwechsel wird verbessert.
    - Wer regelmäßig tanzen geht, verbessert seine Leistungsfähigkeit und stärkt sein Herz-Kreislauf-System.
    - Die Durchblutung in den Beinen wird gefördert.
    - Durch die rhythmischen Bewegungen werden verspannte Muskeln gelockert.
    - Der Wiener Walzer z. B. steigert die Stützkraft der Muskulatur im Brust- und Rückenbereich. Jive und Charleston machen besonders fit. Samba und Paso doble stärken die Beckenbodenmuskeln und somit auch die Blase.
    - Neben der wunderbaren Energetisierung hilft Tanzen beim Abnehmen. Lassen Sie sich also beim nächsten „Darf ich bitten" nicht lange bitten …

13. „Aktive" und „passive" Entspannungsmethoden

Um einfach gut drauf zu sein, genügt es nicht, „einfach so zu tun", obwohl Ihre Gedanken gerade mit der ätzenden Bemerkung der Direktorin, der Uneinsichtigkeit des Vaters einer Schülerin ... kämpfen. Unser gesamtes Leben ist ein Lernprozess. Wir dürfen erleben – erkennen – erfahren und uns entwickeln!

Dieses Buch zeigt Ihnen unterstützende Wege auf, um das Glück und die Zufriedenheit des Lebens mehr und mehr zu erfahren.

Die Naturwissenschaft hat in den letzten Jahrzehnten eindeutig nachgewiesen, dass alles, was existiert, letztlich reine Energie ist. Gedanken, Gefühle, Materie, alles besteht aus der gleichen Grundenergie. Durch die bloße Kraft unserer Gedanken verändern wir unsere Lebensumstände. Wenn wir unsere Vorstellung auf ein Ziel konzentrieren, werden wir es früher oder später erreichen. Wenn wir unsere Gedanken auf einen anderen Menschen richten und dieser die energetische Schwingung zu diesem Zeitpunkt aufnimmt – was bei Liebenden und sich nahestehenden Menschen leicht der Fall ist, da sie gedanklich sehr verbunden sind –, passiert Telepathie: „Ich habe gerade an dich gedacht, und du rufst an!"

Durch diverse Entspannungstrainings lenken wir unsere Energie auf unser leibseelisches Gleichgewicht. Doch nichts entsteht aus dem Nichts. Wer nichts tut, wird auch nichts erreichen. – Ich lade Sie nun ein, jene Entspannungsformen auszuwählen, die Ihnen einfach gut tun.

Bei den Entspannungsmethoden unterscheide ich zwischen **aktiven** und **passiven** Formen.

Als Studentin hatte ich die Möglichkeit, die Ausbildung zur autogenen Trainerin zu machen. Ich war beeindruckt, wie viel an Wohlgefühl und Entspannung alleine durch die Kraft der Vorstellung entsteht. Dementsprechend begeistert hielt ich Kurse für autogenes Training, um möglichst viele Menschen diesen wunderbaren Weg zu lehren.

Neben vielen Bestätigungen, die ich dafür bekam, gab es da und dort eine kleine Enttäuschung. Es fiel mir auf, dass manche TeilnehmerInnen sich gegen diese Art der Ruhigstellung und Entspannung wehrten. Die gedankliche Formel, um sich zu beruhigen, lautet: „Ich bin ganz ruhig!"

Einige TeilnehmerInnen wurden bei diesen Gedanken unruhig. Ich bemühte mich, die Situation zu verstehen. Allmählich wurde mir klar, dass diejenigen Menschen, die innerlich unruhig und getrieben waren, die Formel: „Ich bin ganz ruhig", ganz einfach als Selbstlüge empfanden. Ihr Körper und Geist widersetzten sich dementsprechend.

So durfte auch ich erkennen, dass innerlich getriebene, in der chinesischen Medizin als **Yang**-Typen (im Gegensatz zu **Yin**-Typen, die passiv und entspannt sind) bezeichnete Personen mit dem autogenen Training als Einstiegsmethode oft wenig erfolgreich sind. Aktiven Menschen ist mit aktiven Entspannungsmethoden mehr gedient.

Als passive Methoden bezeichnet man jene, bei denen man eine entspannte Haltung im Sitzen oder Liegen einnimmt und über die gedankliche Vorstellung in die Entspannung kommt. Aktive Methoden führen über Aktivität ins entspannende Gleichgewicht.

Aktive Entspannungsmethoden:
- Progressive Muskelrelaxation nach Jacobson
- Tai-Chi
- Qigong
- Acht Schätze
- Jin Shin Jyutsu

Passive Entspannungsmethoden:
- Autogenes Training
- Farbentspannung
- Atementspannung

Übung zum Energetisieren:
- Klopfen

13.1 Progressive Muskelentspannung nach Jacobson

Edmund Jacobson (1888–1983), amerikanischer Arzt und Physiologe, gilt als Begründer der Progressiven Muskelrelaxation oder, gebräuchlicher ausgedrückt, der Progressiven Muskelentspannung.

Mittlerweile gibt es mehrere unterschiedliche Formen der Muskelentspannung. Das Grundprinzip dabei ist ganz einfach: Nacheinander werden einzelne Muskelgruppen ganz gezielt angespannt und dann wieder bewusst losgelassen, wobei sich die Muskeln ganz von allein entspannen.

Also: Circa 5 Sekunden fest anspannen, dabei weiteratmen. Dann die Spannung langsam loslassen, dieses Entspannen dauert etwa doppelt so lang.

Achten Sie bei dieser Übung immer auf die Empfindungen im jeweiligen Körperbereich. Nehmen Sie den Unterschied zwischen An- und Entspannung bewusst wahr. Spüren Sie nach, wie sich die entspannten Muskeln anfühlen.

Es ist Ihnen ja bekannt, dass zwischen körperlicher und seelischer Anspannung immer ein Zusammenhang besteht. Demnach kommt es auch durch Entspannung zu einer Verminderung von psychischer Anspannung. Innere Unruhe, Nervosität, Angst und Stress sind mit Muskel- und Atementspannung unvereinbar. Progressive Muskelentspannung führt demnach zu Ruhe, Gelassenheit, Erholung und durch die Konzentration auf den Körper zu einem Ab- und Ausschalten von alltäglichen Belastungen. – Nun lade ich Sie ein, sich diese aktive Auszeit zu gönnen!

Legen oder setzen Sie sich entspannt hin.
Schließen Sie die Augen und machen Sie ganz bewusst zwei oder drei tiefe Atemzüge, wobei Sie jedes Mal langsam ausatmen.
Machen Sie nun eine Faust mit der *rechten Hand* und spannen Sie den *Unterarm* mit an.
Lassen Sie bewusst langsam los.
Wiederholen Sie dies mit der *linken Hand* und dem *linken Unterarm.*
Dann beugen Sie den *rechten Arm* und spannen den *Oberarm* fest an, anschließend wieder langsam loslassen.
Linker Oberarm – gleiche Übung.
Beide Arme gleichzeitig spannen – und loslassen.
Ziehen Sie die Augenbrauen nach oben, sodass sich die *Stirn* in Falten legt – dann locker lassen.
Kneifen Sie die *Augen* fest zusammen – und loslassen.
Pressen Sie die *Lippen* aufeinander und spüren Sie die Anspannung – und loslassen.
Ziehen Sie das Kinn an die Brust und spüren Sie Ihren *Nacken* – ganz langsam wieder loslassen.
Heben Sie die *Schultern* – und senken Sie sie wieder, bis eine weitere Senkung nicht mehr möglich ist.
Ziehen Sie dann die *Schulterblätter* nach hinten – und langsam wieder loslassen.
Spannen Sie die *Bauchdecke* an, als wollten Sie mit dem Bauch einem leichten Druck standhalten – und loslassen.
Spannen Sie die *Gesäßmuskulatur* an, indem Sie die Gesäßbacken zusammenkneifen und Ihr Körper sich nach oben bewegt – wieder loslassen.
Ziehen Sie den vorderen Teil des *rechten Fußes* nach oben, drücken Sie die Ferse leicht nach unten und spannen Sie auch die *Unter- und Oberschenkelmuskulatur* an – und wieder langsam loslassen.
Linker Fuß – gleiche Übung wie rechts.
Mit *beiden Füßen* gemeinsam.
Richten Sie nun die Aufmerksamkeit auf Ihren *Atem,* lassen Sie den Atem fließen.
Pressen Sie nun die *Zunge* auf den oberen Gaumen, hinter die obere Zahnreihe – und lassen Sie wieder langsam los.
Spüren Sie die Entspannung im ganzen Körper und erlauben Sie sich, es einfach zu genießen.

Kehren Sie nun wieder in den Alltag zurück, indem Sie Arme und Beine ausstrecken, anspannen. Strecken, dehnen und rekeln Sie sich. Atmen Sie ein paar Mal tief durch die Nase ein und den Mund aus und öffnen Sie wieder die Augen, um fit und frisch zu sein.

13.2 Qigong

Qigong, eine jahrtausendealte chinesische Methode zur Gesunderhaltung und Heilung des Körpers und des Geistes, ist eine wunderbare Möglichkeit, in kürzester Zeit zur inneren Balance zu finden.

Die Schwerpunkte der Übungen liegen in der Regulierung des Körpers, der Atmung und des Geistes, wodurch eine höhere Körpersensibilität und emotionales Wohlbefinden entstehen.

Qi ist nach der traditionellen chinesischen Medizin die Lebensenergie, welche durch das Meridiansystem fließt und sämtliche Organe unseres Körpers versorgt. Auf der materiellen Ebene lässt sich Qi mit Blut vergleichen, das sich in den Blutgefäßen fortbewegt und so in jeden Teil unseres Körpers gelangt. Durch den ganzheitlichen Ansatz, der dem Qigong zugrunde liegt, wirkt es auf der physischen wie auch psychischen Ebene.

Praktizierende berichten von einer erheblich geringeren Anfälligkeit für Infektionserkrankungen. Sie erleben sich frisch und energiegeladen, sind positiver eingestellt, d. h. einfach besser drauf.

Es wird eine Balance zwischen Körper → Seele → Geist im Sinne einer aufrechten Haltung (körperliches und geistiges Aufrichten) und inneren Ausgeglichenheit bewirkt. Qigong ist das perfekte Stressmanagement!

Den Morgen beginnen

Eine sehr gute und unaufwendige Möglichkeit (selbst für Morgenmuffel), den Tag zu beginnen, ist es, **Erd**- und **Himmelsenergie** zu verbinden.

Dazu stellen Sie sich schulterbreit, am besten barfuß auf den Boden. Die Knie sind leicht nach vorne gekippt. Oft hilft die Vorstellung, Sie würden auf einem Stockerl sitzen. Die Arme hängen locker herab und der Kopf ist gerade gerichtet, denn ein seidener oder silberner Faden verbindet unseren Kopf mit dem Himmel.

Mit beiden Beinen stehen wir also auf Mutter Erde, die uns trägt, und durch den Silberfaden sind wir mit Vater Himmel verbunden, der uns hält. Es tut gut, sich daran zu erinnern, dass wir im Leben **immer** getragen und gehalten sind.

Nun beginnen Sie mit dem energetischen Verbinden. Ihre Arme hängen also nach unten – Ihre Hände verbinden sich (wie ein nach oben offenes Gefäß). Sie bewegen nun Arme und Hände bis zur Körpermitte – drehen die miteinander verbundenen Hände nach oben und führen sie in dieser Haltung über den Kopf. Dann lösen Sie die Hände voneinander und strecken die Arme zur Seite und zurück in die Ausgangsposition.

Atmen Sie ruhig und gleichmäßig und wiederholen Sie diese Energetisierung dreimal. Begleiten Sie diese Bewegung mit Ihrer Wahrnehmung und spüren Sie, wie Sie zur inneren Ausgeglichenheit kommen.

Natürlich ist diese Energetisierung immer empfehlenswert, vor allem aber wenn Sie merken, dass Sie mehr und mehr aus Ihrem Gleichgewicht herausfallen. – Eine weitere Möglichkeit, die allerdings ca. zehn Minuten Zeit beanspruchen soll, ist das „Nähren des Inneren Qi“.

Das Nähren des Inneren Qi

Bekümmernis und Sorgen werden während dieser Übung durch **Zuversicht** und **Gelassenheit** ersetzt. Sie bewirkt eine Beruhigung des Geistes, störende Gedanken werden verringert und der Zustand des „In-Ruhe-Tretens“ breitet sich aus. Der ganze Körper wird gestärkt. Der Speichel wird in China als „Wasser des Lebens“ bezeichnet – er enthält verdauungsfördernde Substanzen und solche, die das Immunsystem stärken.

Zwei wichtige **Energiepunkte**, die Sie kennen sollen:
Dan Tian – Feld für das Lebenselixier: Dies ist der Punkt, in dem wir alle Lebensenergie sammeln für Gesundheit, Langlebigkeit und Weisheit. Das Dan Tian befindet sich ca. zwei Finger breit unter dem Bauchnabel.
Lao Gong – Arbeitspalast: Gemeint sind die Handmittelpunkte. Ein wichtiger Punkt, in dem das Qi stark gespürt und auch weitergegeben werden kann.

Nun lade ich Sie ein, Ihr Inneres Qi zu nähren, so wie es meine Tochter Eva-Christin vorzeigt.

Qi tragen

Alle Gedanken werden durch einen Gedanken ersetzt.

Die Vorstellung: Gutes Qi wird vor dem Bauch getragen. – Zustand: innere Ruhe.

Qi aufnehmen

Die Vorstellung: Über die Lao-Gong-Punkte strömt das Qi aus der Natur in den Körper.

Der Körper füllt sich mit frischer Energie.

Lao-Gong-Qi stärken

Die Vorstellung: Zwischen den Händen wird Qi abwechselnd auseinandergezogen und verdichtet.

Je konkreter die Vorstellung ist, desto intensiver ist die Qi-Entwicklung zwischen den Händen.

Qi einsammeln

Die Vorstellung: Mit dem Einatmen wird Qi über die Lao-Gong-Punkte eingesammelt, mit der Ausatmung wird Qi über das Dan Tian in den Körper aufgenommen. Dreimal durchführen.

Vor dem Buddha beten

Die Vorstellung: Der/Die Übende stellt sich vor, sich in einer ihm/ihr angenehmen Landschaft aufzuhalten. Dort herrscht eine tiefe Ruhe, die mit Gelassenheit und Zuversicht erfüllt ist. Alle störenden Gedanken weichen und ein Gefühl voller Vertrauen in das Gute breitet sich aus. Dies wird empfunden, ohne es ständig zu denken.

Speichel sammeln und den Mund spülen

Während des Sammelns von Speichel ruht die Vorstellungskraft an der Unterseite der Zunge.
Die Vorstellung begleitet den Speichel beim Schlucken bis ins Dan Tian.

Abschluss: Die Ausgangsposition wird wieder eingenommen. Dabei wird innere Ruhe und Gelassenheit empfunden.

13.3 Tai-Chi

Verbindung zwischen Himmel und Erde

Der chinesische Begriff bedeutet „der große Balken, der das Dach des Hauses trägt“. In übertragenem Sinn ist damit die Verbindung zwischen Himmel und Erde gemeint. Die alten Chinesen stellten sich die Erde als viereckige Fläche vor, über die sich der Himmel wie eine Kuppel spannt. Er wird durch einen großen Mittelpfeiler getragen, eben den Tai-Chi, der bis in die Erde hinab reicht.

Genauso soll der Mensch stehen: fest verwurzelt in der Erde und aufgerichtet zum Himmel. – In philosophischem Sinn bedeutet Tai-Chi das „höchste Gesetz“.

Ein guter Arzt zeichnet sich in China dadurch aus, dass er möglichst keine kranken PatientInnen hat. Die chinesische **Gesundheits**lehre (bei uns **Krankheits**lehre) ist mehr auf die Vermeidung als auf die Behandlung von Krankheiten ausgerichtet (Präventivmedizin).

Ein traditioneller chinesischer Arzt sieht den Menschen stets als Einheit von Körper, Geist und Seele. Sie kennen das Tai-Chi-Symbol. Es handelt sich um das Gegensatzpaar Yin und Yang. **Yin** (die weibliche, passive Energie) und **Yang** (die männliche, aktive Energie) sind Polaritäten, die gemeinsam eine Einheit darstellen. Wenn Yin und Yang ausgewogen sind, sind wir im Gleichgewicht und somit gesund – wir fühlen uns wohl.

Das Symbol stellte ursprünglich zwei Fische dar, die sich im Kreis bewegen. Es zeigt, dass es keinen Stillstand geben kann, keinen Anfang und kein Ende, sondern nur den ständigen Wechsel von Beginnen und Enden. Harmonie entsteht durch Balance und fließenden Wechsel der gegensätzlichen Polaritäten, was anhand der Tai-Chi-Bewegungen nachvollziehbar wird.

Eine der ältesten Überlieferungen zu diesen harmonischen Bewegungsabläufen geht auf den sagenumwobenen „Gelben Kaiser“ Huang Ti zurück, der China ein ganzes Jahrhundert lang (~2700–2600 v. Chr.) regiert haben soll.

Kaiser Huang Ti fragte einst seinen Armeearzt Chi Po: „In früheren Zeiten waren die meisten Menschen, nachdem sie 100 Jahre gelebt hatten, immer noch kräftig und stark. Heute sind viele bereits mit 50 Jahren sehr schwach. Warum?“ Chi Po antwortete: „Die Vorfahren folgten immer dem Prinzip von Yin und Yang. Ihre Ess- und Trinkgewohnheiten waren maßvoll, sie hatten regelmäßige Zeiten der Arbeit und der Ruhe, sie überarbeiteten und erschöpften sich nicht. Deshalb waren Körper und Geist bei ihnen in Harmaonie.“ Daraufhin führte Huang Ti Übungsabläufe ein, die eine bewusste Lenkung der Energie ermöglichen, somit Krankheiten beseitigen und ein langes Leben garantieren sollen.

Eine weitere Übersetzung von Tai-Chi besagt, dass die Energie, also das Chi, fließend (Tai) gemacht werden soll. Denn wenn der Energiefluss im Körper durch nichts und niemanden **blockiert** wird, sind wir gesund. Tai-Chi schafft diesen Energiefluss (Blockaden werden aufgelöst) und führt zu Harmonie und Gleichgewicht.

Darauf gründet eine chinesische Weisheit: „Machen Sie täglich Tai-Chi und Sie bleiben gesund oder werden gesund!"

In der Hoffnung, Ihr Interesse und Ihre Motivation geweckt zu haben, lade ich Sie zu einer einfach durchzuführenden Bewegungsübung ein.

Kranichgang

Suchen Sie sich einen ebenen Platz und legen Sie Ihr Schuhwerk ab. Gehen Sie zunächst ganz normal umher und beobachten Sie, wie Sie sich fortbewegen, wie schnell, in welcher Haltung usw.

Nach einer Weile verlangsamen Sie Ihre Schritte und lenken Ihre Aufmerksamkeit ganz auf Ihre Füße. Setzen Sie den vorderen Fuß mit der Ferse auf und rollen Sie dann ganz bewusst die Fußsohle ab. Lösen Sie den hinteren Fuß von der Ferse bis zu den Zehenspitzen. Spüren Sie die Erde unter sich.

Stellen Sie sich nun vor, Sie würden sich durch ein seichtes Gewässer fortbewegen. Der Boden unter Ihnen gibt nach und ist rutschig, das Wasser reicht Ihnen bis zur Wade. Sie müssen sehr langsame und achtsame Schritte machen und die Knie so hoch ziehen, bis die Oberschenkel etwa waagrecht sind. Wenn Sie das Knie Ihres jeweiligen Standbeins dabei immer etwas gebeugt halten, können Sie besser in Balance bleiben. Tasten Sie bei jedem Schritt förmlich den unsicheren Boden unter sich mit dem Fuß ab.

Stellen Sie sich vor, Sie seien ein Kranich, der durch einen flachen Teich dahinstelzt. Der Kranich hat nicht nur einen sicheren Tritt, sondern er bewegt sich auch ganz aufrecht. Wenn Sie jetzt in Gedanken einen gefüllten Wasserkrug auf Ihrem Kopf tragen, wie es in vielen tropischen Ländern schon die Kinder lernen, wird Ihnen das helfen, gerade zu bleiben. Sie können sich auch ein reales Sandsäckchen auf den Kopf legen. So gehen Sie ausbalanciert und aufrecht zugleich.

Schließlich soll unser Kranich auch ein wenig mit seinen Flügeln arbeiten. Lassen Sie die Arme sanfte gegenläufige Kreise nach vorn beschreiben wie beim Vorwärtskraulen im Wasser. Versuchen Sie dabei, ganz weich in den Handgelenken zu werden. Stellen Sie sich vor, es läge noch dichter Nebel über dem Teich und Sie wollten ihn mit den Händen wegschieben. Sie können ihn förmlich zwischen den Fingern wie Zuckerwatte fühlen.

Beenden Sie nach einer Weile das Armkreisen, gehen Sie wieder mit normalen Schritten und in Ihrer üblichen Geschwindigkeit weiter. Machen Sie sich im Geist noch einmal den Unterschied zwischen dem „Kranichgang" und Ihrer Art zu gehen bewusst.

13.4 Acht Schätze

Ein kombiniertes Gesundheitsprogramm stellen die **Ba Duan Jin** – die berühmten **Acht Schätze** – dar. Alleine die Bezeichnung „Schatz" weist auf den Wert hin.

Genau genommen sind diese acht Übungen recht einfach und innerhalb einer Stunde erlernbar. Es genügt, täglich ca. 15 Minuten zu üben. Die Reihenfolge steigert die Wirksamkeit, denn jeder Schatz hat eine **spezielle Wirkung**. Sie können auch gezielt Ihre Schätze auswählen und üben oder sich für Ihren Lieblingsschatz entscheiden. Sie werden es nicht bereuen!

Die Acht Schätze haben eine mehr als 800-jährige Geschichte und sind genau genommen eine Kombination aus Tai-Chi und Qigong. Das Ziel ist wiederum, Blockaden körperlicher und/oder psychischer Art aufzulösen und das ungehinderte Fließen des Qi (Lebensenergie) zu fördern. Neben dem Üben der langsamen Bewegungsabläufe und der Konzentration auf die Atmung ist es wichtig, das Denken auf das Dan Tian (zwei Querfinger unterhalb des Nabels, sogenannte Körpermitte, siehe Abschnitt 13.2) zu lenken.

Jeder Schatz hat eine positive Wirkung auf bestimmte innere Organe. Denken Sie an das chinesische Sprichwort: „Wenn Sie täglich Tai-Chi oder Qigong machen, bleiben Sie gesund oder Sie werden gesund." – Ich hoffe, dies ist Motivation genug.

1. Schatz: Den Himmel stützen

Ausgangsstellung: Habt-Acht-Haltung, d. h., die Füße stehen nebeneinander, Zehen zeigen leicht nach innen, Kopf ist gerade gerichtet und Augen schauen gerade nach vorne. Arme hängen locker herab. In dieser Ausgangsstellung bleiben Sie einige Minuten, indem Sie Ihre Gedanken auf die Körpermitte (Dan Tian) konzentrieren. Wenn Ihre Atmung ruhig geworden ist, dann beginnen Sie mit dem Üben.

Bewegungsablauf:

- Beide Arme langsam seitlich hochheben bis über den Kopf, die Finger der beiden Hände ineinander verschränken, die Handflächen dann nach oben drehen, damit den Körper nach oben strecken, so, als wollten Sie den Himmel stützen, und gleichzeitig beide Fersen vom Boden abheben. Während des Streckens tief einatmen und Luft anhalten.
- Beide Arme in die Ausgangsstellung zurückführen, dabei tief durch den geöffneten Mund ausatmen und die Fersen wieder gleichzeitig auf dem Boden aufsetzen.

Diesen Schatz dreimal durchführen.

Dieser Schatz ist eine Streckübung und fördert die Vergrößerung des Brustkorbs, die Vertiefung der Atmung und dadurch eine vermehrte Sauerstoffaufnahme.
Er hat eine gute Wirkung bei Erschöpfungszuständen.

2. Schatz: Den Bogen spannen zum Adlerschießen

Ausgangsstellung: Breitbeinig hinstellen, Becken leicht nach vorne beugen, die Knie sind leicht gebeugt. Stellen Sie sich einfach vor, dass Ihr Steißbein bis zum Boden hinunterwächst und Sie wie ein drittes Bein stützt. Ihre Arme hängen locker herab und der Kopf ist gerade gerichtet.

Bewegungsablauf:
- Beide Beine tiefer beugen, beide Arme vor der Brust kreuzen – der rechte Arm ist außen, der linke Arm innen, mit der linken Hand eine Faust machen. Den rechten Arm langsam zur Seite führen, Kopf dreht mit, Handoberfläche zeigt zu Ihnen und Sie strecken den Daumen von den restlichen Fingern weg, um den Blick zwischen Daumen und Finger zu fokussieren.
- Nun atmen Sie tief ein, spannen dabei den Bogen, indem Sie mit der Faust zurückziehen, gehen tiefer in die Hocke und halten die Luft dabei an.
- Dann kehren Sie in die Ausgangsstellung zurück und atmen dabei durch den geöffneten Mund wieder aus.
- Sie nehmen erneut die Ausgangsstellung ein, diesmal ist der linke Arm außen und somit geschieht der Bewegungsablauf seitenverkehrt: Sie machen eine Faust mit der rechten Hand, führen den linken Arm zur Seite, Kopf dreht mit, Handoberfläche zeigt zu Ihnen, der Blick fokussiert zwischen Daumen und restlichen Fingern. Einatmen, Bogen spannen, tiefer gehen und Luft anhalten. Beim Ausatmen zurück in die Ausgangsstellung.

Diesen Schatz pro Seite dreimal, also insgesamt sechsmal durchführen.
Der Schatz trainiert Brustbereich, Herz und Lunge. Die Atmung und der Kreislauf werden angeregt, Brust- und Schultermuskulatur werden gestärkt.

3. Schatz: Milz und Magen kräftigen durch das Heben eines Armes

Ausgangsstellung: Die Füße schulterbreit parallel nebeneinanderstellen, Becken leicht nach vorne kippen, Knie leicht gebeugt, Arme seitlich hängen lassen und Kopf gerade.

Bewegungsablauf:

- Die rechte Hand langsam seitlich über den Kopf führen, die Handinnenfläche zeigt nach oben und die Hand ist nahe über dem Kopf. Die zweite Hand zeigt nach vorne. Sie tun so, als hätten Sie oben und unten bei den Händen einen Gegendruck. Sie atmen nun wieder tief ein, und indem Sie nach oben und unten drücken, halten Sie die Luft wieder an.
- Mit dem Ausatmen kehren Sie in die Ausgangsstellung zurück – Sie nehmen die Ausatemluft mit der Bewegung des rechten Armes nach unten mit.
- Dann führen Sie diesen Schatz mit dem linken Arm durch.

Pro Seite zweimal durchführen, also insgesamt viermal. Dadurch werden die inneren Organe und Muskeln noch mehr gedehnt, speziell Leber, Galle, Milz und Magen. Die Magen-Darm-Peristaltik und die Verdauung werden gestärkt. Durch regelmäßiges Üben können Sie Magen- und Darmerkrankungen vorbeugen.

4. Schatz: Rund um die Welt blicken

Ausgangsstellung: Beide Beine enger zusammenstellen, Becken nach vorne kippen, die Knie sind dabei leicht gebeugt. Die Arme hängen nach unten, wobei die Hände seitlich auf die Oberschenkel drücken. Der Kopf ist gerade gerichtet.

Bewegungsablauf:

- Sie bewegen den Kopf langsam nach links, lassen dabei die Augen geöffnet und Ihr Blick folgt der Kopfbewegung. Beim Zurückblicken atmen Sie ein.
- Dann drehen Sie den Kopf wieder in die Ausgangsposition, also in die Mitte zurück und atmen dabei durch den geöffneten Mund aus.
- Dasselbe machen Sie nun auf die andere, die rechte Seite.

Pro Seite zweimal ausführen, also insgesamt viermal.

Dieser Schatz lautet auch: Die fünf Organe (Herz, Leber, Milz, Lunge, Nieren) sind überanstrengt und die Gesundheit ist durch die sieben Gemütsbewegungen (Angst, Wut, Schrecken, Trauer, Verletzung, Freude, Kummer) beeinträchtigt.

Diese Bewegung hat eine deutliche Wirkung auf die Belebung der Blutzirkulation im Kopf, die Stärkung der Nackenmuskulatur und die Beweglichkeit der Halswirbelsäule. Außerdem beseitigt sie die Erschöpfung des Großhirns und des Zentralnervensystems. Obwohl dieser Schatz sehr einfach durchführbar ist, erzielt er eine besonders gute Wirkung im Hinblick auf die Wiederherstellung der Gesundheit des ganzen Körpers.

„Rund um die Welt blicken" dient außerdem dazu, Energie aufzutanken. Mit dem Einatmen tanken wir das positive Qi des Universums. Mein Tai-Chi-Lehrer betonte in diesem Zusammenhang die Unterscheidung von positivem und negativem Qi. Energie kann positiv oder negativ sein. Es gibt Menschen, die die Umgebungsenergie sehr sensibel wahrnehmen. Vielleicht gehören Sie zu jenen Menschen, die einen Raum betreten und sofort spüren, ob Ihnen Energie abgezogen oder aber aktiviert wird, d. h., ob der Raum positive oder negative Energie hat. Vielleicht haben Sie schon erlebt, dass Sie möglicherweise nur kurz mit jemandem gesprochen haben, um hinterher festzustellen: „Da war ein Vampir zu Besuch!" Sie fühlten sich unerwarteterweise ausgesaugt und leer.

Dann wieder gibt es Begegnungen, die einfach beflügeln. Wir sprechen hier nicht von „bösen" oder „guten" Menschen. Jemand, der selber blockiert ist und somit einen energetischen Schub bräuchte, sucht sich seine Tankstelle. Wenn Sie zufällig in die engere Wahl kommen und genügend Energie haben, ist es kein Problem. Fehlt Ihnen aber Energie, wird es wohl oder übel zum Problem. Es ist notwendig, auf den eigenen Energiehaushalt zu achten.

Sie üben diesen Schatz mit **geöffneten** Augen, um zu erkennen, welche Energie Sie auftanken. Wenn Sie also ab sofort mit offenen Augen für Ihren Energiehaushalt sorgen, dann stellen Sie sich einatmenderweise vor, dass Sie ausschließlich positive Energie tanken.

Auf diese Weise können Sie regelmäßig dafür sorgen, immer und einfach gut drauf zu sein.

5. Schatz: Mit Kopf und Gesäß wackeln und das Herzfeuer ausschütten

Ausgangsstellung: Die Beine auseinander, Abstand ca. drei Fußlängen. Die Knie sind gebeugt wie in einer Reithaltung. Beide Hände auf den Oberschenkeln aufstützen.

Bewegungsablauf:

- Sie verlagern Oberkörper und Gewicht auf die rechte Seite, beugen gleichzeitig den Oberkörper nach vorne und beschreiben mit dem Kopf eine halbkreisförmige Bewegung von oben nach unten. Dabei wird mit der Kopfbewegung das Gewicht auf das linke Bein verlagert, das rechte ist ausgestreckt. Der Blick ist nach vorne fokussiert. Die Atmung geht mit der Bewegung mit.
- In die Ausgangsstellung zurückkehren.
- Dasselbe beginnend mit der linken Seite.

Wiederum auf jede Seite zweimal durchführen.
Dieser Schatz hat eine wohltuende Wirkung auf den ganzen Körper. Er dient auch dazu, Nervosität abzubauen.

6. Schatz: Das Rückgrat stärken

Ausgangsstellung: Die Füße nebeneinanderstellen, Becken nach vorne kippen, Knie leicht gebeugt. Arme hängen seitlich herab, Kopf ist gerade gerichtet.

Bewegungsablauf:

- Den Oberkörper ganz langsam nach vorne beugen, die Knie bleiben leicht gebeugt, die Arme hängen nach unten und Sie berühren mit den Händen die Zehenspitzen oder Unterschenkel, so wie es eben möglich ist. Sie atmen dabei ganz natürlich in Ihrem Rhythmus.

- Sie richten sich langsam „Wirbel für Wirbel" wieder auf, um dann, wenn Sie aufrecht sind, beide Hände mit dem Handrücken hinten in Nierenhöhe neben die Wirbelsäule zu legen und den Oberkörper achtsam nach hinten zu strecken.
- Indem Sie sich wieder aufrichten, kehren Sie in Ihre Ausgangsstellung zurück.

Diesen Bewegungsablauf führen Sie zweimal durch. – Falls Sie Bluthochdruck haben, sollten Sie den Kopf nicht zu tief hinunterbeugen.
Bei diesem Schatz werden die Rückenmuskeln gedehnt und trainiert, jeder Abschnitt des Rückens, jedes Organ, besonders die Nieren und Nebennieren werden gestärkt.
Diese Übung ist eine gute Vorbeugung gegen eine Verspannung der Rückenmuskulatur und stärkt den ganzen Körper.

7. Schatz: Tigerauge

Oder: „Die Faust ballen, wütend blicken, seine Kraft vermehren"

Ausgangsstellung: Beide Beine auseinander, Knie beugen, Reiterstellung einnehmen, beide Hände zu Fäusten ballen und mit der Innenseite nach oben in Hüfthöhe halten.

Bewegungsablauf:

- Sie fokussieren einen Punkt, den Sie sich in Augenhöhe ca. drei Meter vor Ihnen vorstellen. Mit der rechten Faust zielen Sie langsam, konzentriert auf diesen Punkt, bis der rechte Arm ganz gestreckt ist, die Faustinnenseite zeigt nach unten. Sie schauen mit einem „Tigerblick" auf den Punkt, d. h., Sie „reißen" die Augen weit auf. Beim Vorstrecken der Faust atmen Sie hörbar aus.
- Sie kehren in die Ausgangsstellung zurück, indem Sie den Arm langsam zurückführen.
- Dann das Ganze mit dem linken Arm.
- Als noch wirksamere Variante gilt, beim Ausatmen laut herauszuschreien. (Falls es Ihre Umgebung erlaubt, empfehle ich es Ihnen sehr.)

Diesen Bewegungsablauf pro Seite zweimal durchführen.
Bei diesem Schatz ist es erforderlich, die Faust fest zu ballen, sich geistig zu sammeln und die Augen weit zu öffnen. Dadurch werden Cortex (Großhirnrinde) und das vegetative Nervensystem angeregt, der Blutkreislauf und der Fluss des Qi (Lebensenergie) gestärkt.

Sie bekommen dadurch die „Kraft und Dynamik eines Tigers" – bitte stellen Sie sich dieses Potenzial einmal vor! Das Aufreißen der Augen ist eine wirksame Übung zur Gesunderhaltung der Augen. Und durch das hörbare Ausatmen leeren Sie Ihren „inneren Mistkübel" aus. Die chinesische Medizin sieht den Menschen ganzheitlich als Einheit von Soma (Körper) und Psyche (Seele).

Gefühle sind demnach Energien, die sich im Körper auswirken, sofern sie nicht adäquat ausgedrückt werden. Diese Erkenntnis bildet auch die Grundlage der Psychosomatik. Wenn Sie nun belastende Gefühle in Ihrem Inneren belassen, kommt es zu körperlichen und psychischen Reaktionen unterschiedlicher Ausprägung.

Welches Gefühl ist Ihrer Meinung nach das stärkste aller Gefühle? ... Sie haben wohl richtig vermutet: die **Liebe**. Liebe gibt uns die meiste Energie, Menschen, die in Liebe sind, tun uns gut. Wenn Sie in Liebe sind, sind Sie im Fluss und Sie „strahlen aus", Charisma ist das Ergebnis Ihrer Liebesfähigkeit.

Das am stärksten belastende Gefühl ist die **Angst**. Aber auch Wut, Hass, Ärger, Trauer, Kummer, Neid, Eifersucht usw. richten sich gegen Sie selber, wenn Sie nicht gelernt haben, damit gut umzugehen.

Das Ausatmen beim Tigerauge befreit uns von dieser Belastung, Sie machen Ordnung in Ihrem Inneren. Außerdem wird dadurch Ihre Kraft aktiviert. Sehr hilfreich ist es auch, wenn Sie sich irgendeine belastende Situation, die Sie loswerden möchten, vorstellen und **weg-atmen**.

Mit diesem Schatz in seiner intensiven, lauten Form habe ich SchülerInnen unterschiedlichen Alters vertraut gemacht. Selbst in unserer scheinbar so aufgeschlossenen Zeit werden Kinder häufig nicht gelehrt, wie sie mit ihren Gefühlen und somit mit sich selber gesund umgehen sollen. Natürlich ist dies eine etwas unrealistische Forderung, da die Erwachsenen es meist selber nicht erfahren haben.

Immer noch gilt oft der Spruch: „Ein Indianer kennt keinen Schmerz" (was ich für absurd halte), der Burschen verbietet zu weinen. Oder Mädchen, die ihre Wut ausdrücken möchten, werden als „hysterisch" abqualifiziert.

Tatsache ist, dass es Kinder sehr schätzen, sich mithilfe des Tigerauges zu befreien. Aus meiner Beobachtung haben sie viel Freude an diesem Schatz, der sich gut in den Turnunterricht einbinden lässt.

8. Schatz: Die Fersen vom Boden abheben, alle Krankheiten vertreiben

Ausgangsstellung: Die Füße nebeneinander, die Knie sind in diesem Fall gestreckt, der Kopf ist gerade gerichtet. Die Handflächen liegen seitlich an den Oberschenkeln an.

Bewegungsablauf:
- Beide Fersen ca. 5 cm vom Boden abheben und dabei einatmen.
- Ausatmen und beide Fersen wieder aufsetzen wie in der Ausgangsstellung.

Führen Sie diesen Ablauf zweimal durch.

Diese Bewegung bereitet auf das Ende der Übungen vor und steht in Beziehung zum 1. Schatz. So schließt sich der Bogen und die Acht Schätze stellen eine Einheit dar.

Wie anfangs erwähnt, können Sie auch einzelne Schätze oder einen Lieblingsschatz auswählen und trainieren. Auf das Tun kommt es an und übrigens: „Jeder 1000-km-Weg beginnt mit dem ersten Schritt!“

Diese Acht Schätze sind sehr einfach und Sie fühlen sich nach dem Üben ausgesprochen wohl. Durch sie wird die Harmonie im Körper wiederhergestellt und somit auch die Gesundheit gefördert oder erhalten. In diesem Sinn wünsche ich Ihnen viel Freude und Erfolg.

13.5 Jin Shin Jyutsu

Schnelle Hilfe durch Auflegen der Hände. Oder: Wie Sie durch 36 Atemzüge Belastendes loslassen können.

Jin Shin Jyutsu heißt wörtlich: Mensch, Schöpfer, Kunst; von rückwärts gelesen: die Kunst des Schöpfers durch den Menschen. Es handelt sich dabei um eine jahrtausendealte japanische Heilkunst zur Harmonisierung der Lebensenergie und zum Lösen von Energieblockaden. Wiederum ist es das Ziel, einfach gut drauf zu sein, und dies bedeutet, mit sich im Fluss zu sein.

Der japanische Meister Jiro Murai hat Anfang des 20. Jahrhunderts dieses Wissen neu entdeckt. Jin Shin Jyutsu harmonisiert Körper, Verstand und Bewusstsein in gleicher Weise. Dieses tiefe Wissen ist in Wirklichkeit schon immer in uns, wir brauchen es nur zu erkennen. Beim Nachdenken stützen wir oft den Kopf in unsere Hände – unbewusst aktivieren wir dadurch unsere Gehirnströme. Oder wir legen intuitiv unsere Hände auf eine schmerzende Stelle und unterstützen dadurch unseren Energiefluss.

Bei Jin Shin Jyutsu geht es um die Verbindung der äußeren oder universellen Energie mit der inneren oder Lebensenergie. Die Grundlage sind 26 Energiepunkte, die über den ganzen Körper verteilt sind und **Energieschlösser** heißen. Durch das Berühren der Energieschlösser mit unseren Händen bringen wir die Energie in Fluss und uns damit in Harmonie.

Eine besonders einfache Übung, die täglich angewandt werden soll, sind die **36 Atemzüge**. Mary Burmeister, eine Schülerin von Meister Jiro Murai, sagte: „In dem Atem, der ich bin, bin ich immer neu.“ Unser Atem ist unser großer Heiler. Wir können den Atem bewusst in uns lenken und an bestimmte Körperstellen schicken, um dort den Stoffwechsel zu aktivieren und eine Veränderung unserer Befindlichkeit herbeizuführen.

Unser Einatem ist der Ausatem des Universums, und unser Ausatem ist der Einatem des Universums. – Mit den 36 Atemzügen erfahren wir die tiefe Verbindung zum Universum, dessen Teil wir sind. Wir sind aber noch mehr, wir sind nämlich aus dem gleichen Stoff, also ein Universum im Kleinen.

Sollten Sie gerade von der Schule nach Hause gekommen, in Gedanken aber noch recht intensiv mit der Schule beschäftigt sein, dann lade ich Sie umso herzlicher zu den 36 Atemzügen ein:

> Nehmen Sie eine bequeme Sitzhaltung ein.
> Umarmen Sie sich, wobei die Hände in den Achselhöhlen ruhen und die Daumen nach oben zeigen.
> Entspannen Sie sich so weit wie möglich und lassen Sie Ihre Schultern fallen.
> Seien Sie in Ihrem Atem, ganz in Ihrem Rhythmus. Lassen Sie Ihren Atem kommen und gehen.
> Atmen Sie 36 bewusste Atemzüge und spüren Sie, wie alles Belastende abfällt und Sie mehr und mehr in Ihre Mitte finden.
> Mit dem 36. Ausatem (Sie zählen in Gedanken mit) sind Sie mit neuer Atem- und Lebensenergie versorgt.

Mit dieser Übung sind Sie an keinen bestimmten Ort gebunden. Sollte keine Sitzmöglichkeit vorhanden sein, dann machen Sie es einfach im Stehen. Vielleicht stellt sich jemand zu Ihnen, der diesen „Königsweg" der japanischen Heilkunst ebenfalls kennt.

Ich habe Ihnen nun die mir vertrautesten Wege der aktiven Entspannung vermittelt. Natürlich gibt es viele andere Möglichkeiten, vor allem haben sich aus den bewährten Methoden neue, oft Mischformen entwickelt.

Um dem Burn-out keine Chance zu geben, ist es wichtig, auf die eigene gesunde Balance zu achten. Ich hoffe sehr, dass Sie bereits mehrere Wege für sich entdeckt haben.

Sollten Sie allerdings eher zu den Yin-Typen zählen, dann freuen Sie sich wohl auf die folgenden **passiven Entspannungsmethoden**.

13.6 Autogenes Training

Die Ausbildung zur autogenen Trainerin machte ich bereits während meines Studiums. Seit diesem Zeitpunkt wende ich diese Entspannungsmethode regelmäßig an. Es ist mittlerweile so wie bei vielen lieb gewordenen und sinnvollen Tätigkeiten, dass mir etwas fehlte, würde ich mir keine Zeit dafür nehmen.

Johannes Heinrich (meist kurz: I. H.) Schultz (1884–1970) gilt als der „geistige Vater" des autogenen Trainings (AT). Bevor er die Formeln für das autogene Training erarbeitete, wirkte der Berliner Nervenarzt in einem Hypnoseambulatorium in Breslau.

Durch die Selbstdarstellungen hypnotisierter Versuchspersonen erkannte er den besonderen Gesundheitswert dieser Methode. Ausgehend von der Hypnose entwickelte er das autogene Training, welches als **Selbstentspannungsmethode** ein wunderbares Verfahren zur Selbsthilfe darstellt.

Autogen setzt sich aus den griechischen Wörtern *auto* (selbst) und *genesis* (Entstehung) zusammen, d. h., es entsteht selbst, Sie machen es selber.

Das AT besteht aus sieben aufeinander aufbauenden Formeln, die zu einer völligen Entspannung, einer Stärkung des Immunsystems sowie einer Beeinflussung sonst nicht zugänglicher Körperfunktionen führen.

Was bringt das AT ganz konkret für **Sie**?

- **Affektive Resonanzdämpfung**, d. h., dass belastende Emotionen abgebaut und neutralisiert werden. Ich verwende dafür gerne folgenden Vergleich: Wenn Sie unmittelbar vor einer 200 Meter hohen Bergwand stehen und hinaufschauen, sehen Sie vorerst keine Möglichkeit der Bewältigung. Gehen Sie allerdings 200 Schritte zurück, so steht zwar die Wand objektiv noch in gleicher Größe da, vom neuen Standpunkt aus bietet sich subjektiv jedoch ein anderes Bild. Der Berg wird überschaubarer und neue Wege tun sich auf. So ermöglicht auch das AT, Probleme aus einer anderen Perspektive zu betrachten. Ein Problem bedeutet fürs Erste: Enge – das AT ermöglicht durch die Entspannung eine erweiterte Sichtweise, die uns zu neuen Lösungen führt.
- **Verbesserung der Erholungsfähigkeit.** Wir leben in einer Zeit, in der die meisten Menschen ohne eine längere Mittagspause durcharbeiten, obwohl nachgewiesen ist, dass der biologisch notwendige Mittagsschlaf mehr Leistungskapazität bringt. Studien bestätigen, dass das sogenannte Power Napping, wie das kurze „geplante" Einschlummern am Arbeitsplatz genannt wird, eine vorbeugende Wirkung bei Herz-Kreislauf-Erkrankungen hat. Deutsche WissenschaftlerInnen haben herausgefunden, dass sich durch diese Mittagssiesta das Risiko, durch Herzversagen aus dem Arbeitsleben zu scheiden, um beachtliche 60 Prozent verringert. AT ersetzt den Mittagsschlaf!
- **Verbesserung der Schlaffähigkeit.** Mittels AT werden sowohl das Einschlafen als auch das Durchschlafen erleichtert.
- **Verringerung der Schmerzwahrnehmung** (Zahnarzt, Entbindung …). Es gibt ein bewährtes Hausmittel gegen Schmerz für Kinder: Wenn sich ein Kind verletzt, zeigt der einfühlsame Vater, die fürsorgliche Mutter kurz zum Schmerzpunkt, um dann mit dem Finger weit weg zu deuten und gleichzeitig zu sagen: „Schau, dort fliegt dein Wehweh!" Es ist fantastisch zu sehen, wie Kinder den Schmerz loslassen und verabschieden. (Meine Tochter ergänzte als Kleinkind diese Aussage mit der Feststellung: „Mach aber schnell das Fenster zu, damit er (der Schmerz) nicht mehr zurückkommt!") Durch das AT erfolgt Entspannung und durch die Konzentration auf die Übungsformel eine Ablenkung vom Schmerz.
- **Verbesserung der Durchblutung** bei kalten Händen und Füßen.
- **Steigerung sportlicher Leistungen.** Unsere SpitzensportlerInnen trainieren mithilfe von AT.
- **Verringerung und Abbau von Angst.** Angst bedeutet Anspannung, AT ist das Gegenteil davon.

- AT ist ein probates Mittel **vor Prüfungen und in Schularbeitssituationen.** Es hilft, die berühmten Blockaden zu lösen. Oftmals fällt einem ein bestimmtes Wort, ein Name oder dgl. nicht und nicht ein. Je mehr wir uns bemühen, desto weniger gelingt es. Hilfreich sind diejenigen Mitmenschen, die uns einladen, über etwas anderes zu reden, kurz einmal „wegzudenken“. Siehe da, auch das gesuchte Wort ist wieder da!
- Verbesserung der Konzentrations- und Lernfähigkeit.
- Verbesserung der Stimmung.

Im Wesentlichen beruht das AT auf dem Gesetz der **Ideoplasie**, was so viel bedeutet wie: Jede Vorstellung strebt danach, sich zu verwirklichen. So kann man z. B. eine Brandblase durch die Vorstellung erzeugen, ein glühendes Geldstück liege auf dem Handrücken.

In meinen Seminaren liegt es mir besonders am Herzen, über die **eigentliche psychische Kraft**, nämlich unsere **Vorstellungskraft** zu reden. Denn nur das, was wir uns wirklich vorzustellen vermögen, kann sich auch verwirklichen. Unsere ureigenste Sprache ist die „bildhafte Sprache“, unser Unbewusstes arbeitet mit Bildern. Viele Menschen meinen, dass Logik und Wille unser Leben steuern – fehlgeleitet durch die Feststellung: „Du musst es ja **nur wollen.**“ Man darf nicht übersehen, dass erst die Vorstellung unseren Willen lenkt. Die Praxis zeigt, dass völlig logische Gedanken unwirksam sind, wenn wir sie uns nicht vorstellen können, während ganz unlogische durch intensive bildhafte Vorstellungen wirksam werden.

Dazu noch ein anderes, einprägsames Beispiel, über das der Forscher Sven Hedin berichtete: Auf einer Reise durch Tibet geriet einer seiner Mitarbeiter, Dr. H., mit einem tibetanischen Einsiedler in Streit. Der Eremit sagte ihm daraufhin voraus, dass er am gleichen Tag des folgenden Jahres sterben müsse. Kurz vor dem prophezeiten Todestag wurde Dr. H. schwer krank. Die Ärzte standen allerdings vor einem Rätsel. Obwohl der Patient offensichtlich im Sterben lag, konnten sie keine Ursachen dafür finden – organisch war er gesund. Als einer der Ärzte von der tödlichen Vorhersage durch den Eremiten erfuhr, versetzte er Dr. H. in einen hypnotischen Schlaf, in dem er ihn vier Tage beließ. Nach dem Aufwachen teilte man Dr. H. mit, dass er seinen „Sterbetag“ überlebt habe, und der Patient genas in kürzester Zeit vollständig.

Prof. Schultz studierte viele solche Ereignisse und folgerte daraus: Wenn negative Vorstellungen und Erwartungen einen gesunden Menschen an den Rand des Grabes bringen können, dann müssen doch positive Vorstellungen mindestens diesen Einfluss haben. Dies war 1920 die Geburtsstunde des AT.

Grundlagen des autogenen Trainings

Um das AT möglichst rasch zu erlernen, sollen einige Voraussetzungen geschaffen werden:

- Es bedarf eines geeigneten Raumes, in dem Sie ungestört entspannen können.
- Der Raum soll angenehm temperiert sein. Sollte Ihnen kalt sein, hüllen Sie sich in eine wärmende Decke, Sie unterstützen damit den Entspannungseffekt.
- Tagsüber hat der Raum Tageshelligkeit. Wenn Sie am Abend trainieren, dämpfen Sie das Licht oder schalten Sie es ganz aus (Licht hat einen aktivierenden Effekt).

Nehmen Sie dann die „sympathischste“ der entspannenden Grundhaltungen ein. Geben Sie sich selber die Erlaubnis, das, was jetzt kommt, zu genießen.

Die entspannenden Grundhaltungen

Das oberste Gebot im AT lautet: Sie sollen sich wohlfühlen! Grundsätzlich eignet sich zum Training jede Körperhaltung, in der sich alle Muskeln vollkommen entspannen können. Prof. Schultz empfiehlt drei Grundhaltungen, zwei Sitzhaltungen und eine Liegehaltung. Sollten Sie sich dabei aber nicht so wohl fühlen, dann ändern Sie Ihre Haltung, bis Sie Ihre „richtig angenehme Position“ gefunden haben.

Bevor Sie Ihre entspannte Haltung einnehmen, achten Sie darauf, dass Sie nichts beengt oder irritiert.

Droschkenkutscher- oder Kutschbockhaltung

Dies ist die bekannteste Haltung, weil man sie fast überall praktizieren kann. Sie erinnert an einen Fiaker, der auf seinem Kutschbock sitzt und ohne Erwartungsdruck auf Kundschaft wartet.

Sie benötigen dafür einen eher harten Sessel, auf dem Sie sich nach vorne, an den Rand setzen. Die Beine stehen leicht gespreizt fest auf dem Boden; günstig ist, wenn die Beine im rechten Winkel gebeugt sind. Zunächst richten Sie Ihren Oberkörper gerade auf, atmen dabei tief ein, um anschließend gelöst und sanft nach vorne zu sacken, während Sie dabei tief ausatmen. Ihre Unterarme liegen dabei auf den Oberschenkeln, Ihre Hände baumeln locker zwischen den Beinen. Der Kopf kippt locker nach vorne und die Augen werden geschlossen.

Diese Haltung ist leicht durchführbar, allerdings für Menschen mit Hals-, Nacken-, Schulterproblemen auf Dauer möglicherweise verspannend, was nicht im Sinne des Erfinders ist.

Sollte Ihnen diese Positionierung weniger entsprechen, dann versuchen Sie die nächsten Möglichkeiten:

Passive Sitzhaltung

Dafür benötigen Sie einen bequemen Sessel mit Armlehnen und bestenfalls einer Nackenstütze (z. B. Fernsehsessel). Sie setzen sich gemütlich hin, Beine fest auf dem Boden, die Arme liegen auf den Armlehnen und der Kopf wird von der Kopfstütze getragen. Falls keine Kopfstütze vorhanden ist, wird der Kopf in der Entspannung leicht nach vorne gekippt. Die Augen werden wieder geschlossen.

Liegehaltung

Bei dieser beliebtesten Haltung ruht der Körper auf einer nicht zu weichen Unterlage. Der Kopf soll je nach Bedarf auf einem Kissen liegen. HypotonikerInnen (Menschen mit niedrigem Blutdruck) sollen auf alle Fälle ein Kissen verwenden. Bei Bedarf können Sie auch eine Nackenrolle zur besseren Entspannung der Hals-Nacken-Muskulatur unterlegen. Die Arme liegen sanft abgewinkelt neben dem Körper, die Handinnenflächen ruhen auf der Unterlage. Die Fußspitzen zeigen bei Entspannung der Beine leicht nach außen.

Im Bedarfsfall sollten Sie Schultern, Kreuz oder Kniekehlen zusätzlich unterpolstern (mit Kissen oder Decken), um wirklich ganz bequem zu liegen.

Wenn die Haltung angenehm ist, schließen Sie wieder die Augen, um mit dem Training zu beginnen.

Die Unterstufe des autogenen Trainings

Diese Unterstufe besteht aus sieben Übungsformeln. Die ersten beiden führen zu Schwere- und Wärmegefühlen im Arm, welche sich dann automatisch auf den ganzen Körper ausbreiten. Die nächsten zwei Übungen harmonisieren Atmung und Herz, die fünfte Übung nimmt Einfluss auf das Sonnengeflecht und somit auf die Bauchorgane. Die letzten Formeln schaffen einen klaren Kopf und eine angenehm kühle Stirn. Sie kennen sicher den Spruch: „Den Kopf halt kalt, die Füße warm, das macht den besten Doktor arm!"

Diese sieben Übungsformeln sind in die sogenannte **Ruheformel** eingebettet: „Ich bin ganz ruhig." Jedes Mal, wenn Sie sich eine der sieben Formeln ca. sechsmal vorgestellt haben, wiederholen Sie zweimal die Ruheformel. Professor Schultz bezeichnete sie als „zielweisendes Einschiebsel", das den Übenden immer wieder die Richtung weist. Die Ruheformel führt zu einer raschen und angenehmen Beruhigung, die – oft auch alleine angewandt – in vielerlei Situationen, in denen eine eigene Beruhigung sinnvoll und notwendig erscheint, eine enorme Abhilfe schafft.

I. H. Schultz formulierte die einzelnen Formeln sehr sorgfältig und sie sind deshalb in der ursprünglichen Form für die meisten Menschen gut anwendbar. Im Einzelfall kann natürlich bei Bedarf die eine oder andere Formulierung entsprechend verändert werden.

Nun wissen Sie, dass die Vorstellung der einzelnen Formeln tatsächliche Veränderungen im Körper hervorruft, die auch objektiv nachweisbar sind. Wenn Sie nun das AT beenden, um in den Alltag erholt und erfrischt zurückzukehren, ist es notwendig **zurückzunehmen**.

Zurücknahme nach dem autogenen Training

Nach dem AT erfolgt das sogenannte Zurücknehmen. Das zielt darauf ab, den Körper nach der Entspannungsphase wieder in seine Alltagsspannung zurückzuführen. Wenn Sie ganz entspannt auf einer Unterlage liegen und ich ersuche Sie, schnell aufzustehen, werden Sie von dieser Idee wohl nicht besonders begeistert sein. Um aus einer Entspannung in die nötige Spannung zurückzufinden, bedarf es sowohl für unseren Kreislauf als auch für unsere Muskulatur einer entsprechenden Aktivierung.

Dieses Zurücknehmen geschieht mit den Formeln:

- **Arme fest:** Sie machen mit beiden Händen eine lockere Faust und pressen die Arme ca. fünfmal zum Körper hinzu.
- **Tief atmen:** Sie atmen ca. fünfmal tief durch die Nase ein und durch den Mund aus.
- **Augen auf:** Sie öffnen die Augen.

Auch wenn Sie vermeintlich wenig Wirkung im AT wahrgenommen haben, muss zurückgenommen werden. Unsere **Vorstellungen** erzeugen immer eine **Wirkung**, auch wenn sie anfangs manchmal nur schwach spürbar sind.

Es gibt nur zwei Ausnahmen, in denen Sie **nicht zurücknehmen** müssen:

- Wenn Sie, was ich Ihnen sehr empfehle, das AT zum Einschlafen nützen wollen, dann bitte ich Sie, nicht zurückzunehmen, denn dann können Sie mit Garantie frisch und munter aufstehen. Wenn Sie das AT zum besseren Einschlafen verwenden, dann kann es auch sein, dass Sie während des Trainings bereits einschlafen. Der Körper geht dann automatisch in den Schlafzustand über und Sie werden wie gewöhnlich nach einem guten Schlaf aufwachen. Sie können nach dem Aufwachen zurücknehmen, es ist aber nicht wirklich erforderlich.
- Wenn Sie beim Üben aufgeschreckt werden, etwa durch das Telefon oder die Türglocke, dann sind Sie ebenfalls hellwach und können sich die Zurücknahme ersparen.

Sollten Sie sich allerdings nach dem AT wenig erholt fühlen, dann wäre es gut, das Zurücknehmen zu wiederholen.

Praktische Anwendung des autogenen Trainings

Besonders leistungsfähige Menschen, die scheinbar unermüdlich tätig sein können und gleichzeitig gut gelaunt und gesund sind, wurden wissenschaftlich untersucht. Es stellte sich heraus, dass sie imstande sind, zwischendurch für wenige Minuten völlig abzuschalten und sich zu entspannen. So weiß man auch von Napoleon Bonaparte, dass er nur vier Stunden Nachtschlaf benötigte, dafür aber selbst hoch zu Ross für Minuten alles um sich herum vergessen konnte.

Der Kaiser kannte noch kein autogenes Training, war aber in dieser Hinsicht ein Naturtalent, wie viele andere Menschen auch.

Wir besitzen alle die Fähigkeit, in sogenannte Trancezustände zu fallen. Wir haben nämlich einen sehr klugen Körper (dem wir leider allzu oft keine Beachtung schenken), der sich die Entspannung holt, wenn es absolut notwendig ist. Sie kennen sicher die Situation, eine bestimmte vertraute Strecke mit Ihrem Auto gefahren und plötzlich am Zielort angelangt zu sein, ohne sich an die Fahrt selber erinnern zu können. Und Sie hatten Gott sei Dank keinen Sekundenschlaf, denn den hätten Sie wahrscheinlich nicht so unbeschadet überstanden. Nein, Sie waren in Trance!

Trance kommt vom altfranzösischen *transe* und bedeutet so viel wie hinübergehen. Man versteht darunter einen Bewusstseinszustand, der sich durch eine fokussierte Aufmerksamkeit auszeichnet. Wissenschaftliche Untersuchungen zeigen, dass Trance zu erhöhten geistigen und körperlichen Leistungen führt.

Nun lade ich Sie ein, Ihre körperliche und seelische Gesundheit selber in die Hand zu nehmen!

Freuen Sie sich auf die Zeit der Entspannung und erlauben Sie sich, es **jetzt** zu genießen (Sie haben es verdient!): Durch gezieltes Training können Sie die ersten drei Hauptentspannungsformeln automatisieren. Diese sind gut im Selbststudium zu erwerben. Für die folgenden, sogenannten **Organformeln** empfehle ich Ihnen die Teilnahme an einem AT-Kurs. Viele meiner KlientInnen sind mit den drei Hauptformeln bestens versorgt und zufrieden. Die Formeln des AT werden immer wieder in Gedanken wiederholt, ohne sie laut zu sprechen. – Ich lade Sie ein, die erste Übungsformel zu versuchen.

> Nehmen Sie Ihre entspannte Haltung ein, liegend oder sitzend, so wie es wirklich angenehm für Sie ist. Erlauben Sie sich in Ihrer Vorstellung, diese Zeit einfach zu genießen, natürlich nur so, wie es Ihnen jetzt gerade möglich ist. Dann schließen Sie Ihre Augen und beginnen damit, die folgenden Formeln im Geist zu wiederholen:
>
> „Ich bin ganz ruhig.“
> „Ich bin ganz ruhig.“
> „Der rechte Arm ist ganz schwer.“
> „Der rechte Arm ist ganz schwer.“
> „Der rechte Arm ist ganz schwer.“
> „Der rechte Arm ist ganz schwer.“
> „Der rechte Arm ist ganz schwer.“
> „Der rechte Arm ist ganz schwer.“
> „Ich bin ganz ruhig.“
> „Ich bin ganz ruhig.“
> „Der rechte Arm ist ganz schwer.“ (sechsmal)
> „Ich bin ganz ruhig.“ (zweimal)

„Der rechte Arm ist ganz schwer" (sechsmal)
„Ich bin ganz ruhig." (zweimal)
Arme fest – tief atmen – Augen auf

Manche AnfängerInnen des AT spüren bereits beim ersten Mal ein Schweregefühl im rechten Arm oder im linken Arm oder in beiden Armen. Die Schwere kann aber auch in den Beinen oder bereits am ganzen Körper wahrnehmbar sein. Andere merken ein Wärmegefühl, wieder andere erleben ein angenehmes, wohliges Gefühl oder merken, dass sie gedankenfrei geworden sind. Jeder Mensch erlebt die Entspannung auf die Art und Weise, die für ihn richtig ist. In Kursen erlebe ich öfter die Enttäuschung Einzelner darüber, dass die/der Sitz- oder LiegenachbarIn viel mehr an Schweregefühl erlebt hat. Da die Darstellung der Schwere eine rein subjektive Schilderung ist, sind Vergleiche jedoch nicht möglich.

Ein junger Mann äußerte sich beim AT etwas verärgert darüber, dass alles schwer geworden sei, nur sein rechter Arm nicht. Bei genauerem Hinhören wurde deutlich, dass der rechte Arm eine schlimme Entzündung aufwies und deshalb Schonung brauchte. Wie bereits erwähnt, gilt auch hier: Der Körper tut, wenn wir nicht „dreinpfuschen", das, was richtig und gut für uns ist.

Laut Professor Schultz geht es in den Entspannungsformeln um den rechten Arm. Er bezog sich darauf, dass die Armmuskulatur den meisten Menschen gut verfügbar ist und vor allem RechtshänderInnen den Globus bevölkern. Erstaunlich ist, dass LinkshänderInnen entweder mit dem linken Arm oder beiden Armen reagieren, da sie häufig eine beidseitige Geschicklichkeit erworben haben. Da unser Unbewusstes ja wesentlich genauer in der Auslegung von Worten ist, bin ich überzeugt, dass der *rechte* Arm als *richtiger* Arm übersetzt wird.

Nach einer Woche Training beginnen Sie, die **zweite Übungsformel** einzubauen. Sie nehmen Ihre entspannte Haltung ein, schließen Ihre Augen und wiederholen in Gedanken folgende Formeln:

„Ich bin ganz ruhig." (zweimal)
„Der rechte Arm ist ganz schwer." (ca. sechsmal)
„Ich bin ganz ruhig." (zweimal)
„Der rechte Arm ist ganz warm." (ca. sechsmal)
„Ich bin ganz ruhig." (zweimal)
„Der rechte Arm ist ganz warm." (ca. sechsmal)
„Ich bin ganz ruhig." (zweimal)
„Der rechte Arm ist ganz warm." (ca. sechsmal)
„Ich bin ganz ruhig." (zweimal)
Arme fest – tief atmen – Augen auf (oder einschlafen)

Bei der Vorstellung der Wärme werden, wie auch schon bei der Schwereübung, die Blutgefäßwände erweitert und eine Mehrdurchblutung wird ermöglicht.

Die Temperatur des Armes kann sich dabei um mehr als zwei Grad erhöhen. – Sollten Sie unter Durchblutungsstörungen leiden und mit kalten Händen und Füßen vertraut sein, empfehle ich Ihnen, vor dem Training ein warmes Arm- bzw. Fußbad zu nehmen und dabei auf dieses Wärmegefühl zu achten. Die Erinnerung an die dabei erlebte Wärme fördert beim Üben das Wärmegefühl.

So wie das Schweregefühl nicht auf die Arme beschränkt bleibt, breitet sich auch das Wärmeerleben auf den ganzen Körper aus. Dies liegt am sogenannten Generalisierungseffekt unserer Muskulatur. Jeder Muskel wird von einem Geflecht vegetativer Nervenfasern umsponnen. Diese geben ihre Wahrnehmung an alle anderen Muskelgruppen weiter. Auf die Weise kann sich der ganze Körper entspannen.

Nun sind Sie hoffentlich schon so erpicht darauf, diese wunderbare Entspannung zu genießen, dass es Ihnen ein Leichtes sein wird, diese beiden Formeln eine weitere Woche zu üben.

In der dritten Woche kommt die **Formel Nummer drei** dazu: „Atmung ganz ruhig und gleichmäßig."

Allein durch die Schwere- und Wärmeformel wird durch die Entspannung die Atmung ruhiger und gleichmäßiger. Da unsere hektische Zeit viel an Spannung auslöst, atmen laut Expertenmeinung mindestens 50 Prozent der BewohnerInnen der Industriestaaten falsch. Charakteristisch ist die Kurzatmung, die der inneren Unruhe und Hektik dieser Menschen entspricht. Sinn der Atemübung ist es, zum natürlichen Atemrhythmus zurückzufinden, also den Atem nicht willentlich zu beeinflussen, sondern „es einfach atmen zu lassen". Um diese „Hingabe" an den natürlichen Atemrhythmus zu unterstreichen, wählte Professor Schultz die Zusatzformel „Es atmet mich", d. h., ich lasse es vertrauensvoll geschehen, oder „Die Atmung trägt mich". Diese zweite Version ist bei meinen KursteilnehmerInnen beliebter, da die Vorstellung des Getragenwerdens sehr viel an Wohlgefühl auslöst.

Wiederum legen oder setzen Sie sich entspannt hin, schließen Ihre Augen und wiederholen gedanklich Folgendes:

„Ich bin ganz ruhig." (zweimal)
„Der rechte Arm ist ganz schwer." (ca. sechsmal)
„Ich bin ganz ruhig." (zweimal)
„Der rechte Arm ist ganz warm." (ca. sechsmal)
„Ich bin ganz ruhig." (zweimal)
„Atmung ganz ruhig und gleichmäßig." (ca. sechsmal)
„Die Atmung trägt mich." Oder: „Es atmet mich." (einmal)
„Atmung ganz ruhig und gleichmäßig." (ca. sechsmal)
„Die Atmung trägt mich." Oder: „Es atmet mich." (einmal)
„Atmung ganz ruhig und gleichmäßig." (ca. sechsmal)
„Ich bin ganz ruhig." (zweimal)
Arme fest – tief atmen – Augen auf (oder einschlafen)

Entscheidend für den Erfolg des AT ist das Training. Durch das ständige Üben werden die Entspannungsabläufe automatisiert, so passiert Lernen. Nach einer gewissen Trainingszeit gelingt autogen Trainierenden dieses entspannende Abschalten bereits beim Einnehmen der Sitz- oder Liegehaltung. Ideal wäre es, dreimal täglich zu üben. Schön ist es, wenn Sie sich wenigstens einmal täglich Zeit dafür und somit für sich nehmen. Nachdem die Wirkung beim AT aber so angenehm ist, ist es eigentlich ganz leicht, es öfter zu genießen. Außer Sie leben nach dem Grundsatz: Das Leben ist prinzipiell schwer. Denn dann bedarf es einer extra Erlaubnis von Ihnen selber, es sich gut gehen zu lassen.

Meine Anleitung zum AT endet hier. Sollten Sie, was ich hoffe, auf den Geschmack gekommen sein, auch die nächsten vier Organübungen erlernen zu wollen, empfehle ich Sie in die Hände von bewährten TrainerInnen weiter. Manches Mal wird bei den Organformeln eine Änderung in der Formulierung notwendig, die durch eine gezielte Unterstützung gewährleistet ist.

13.7 Farbentspannung

Licht und Farben

Farben sind lebensnotwendig. Gerne möchte ich mit Ihnen teilen, wie sehr mich das Farbthema fasziniert. Im Buch Genesis steht am Anfang des ersten Schöpfungstages der Satz: „Es werde Licht.“ So hat alles begonnen. Die Quantentheorie lehrt uns, dass Licht nicht nur Welle, sondern zugleich auch Teilchen ist. Das bedeutet, dass zwei unterschiedliche Energieformen gleichzeitig im Licht existieren.

Licht und Leben stehen in einer ursächlichen Beziehung. In allen Religionen wird Licht als göttliches Zeichen oder als das Göttliche selbst gesehen.

Licht und Farbe sind ebenfalls eine Einheit. Ohne Licht gäbe es keine Farbe. Wenn Lichtstrahlen auf Materie treffen, werden sie von dieser reflektiert und zeigen sich dem menschlichen Auge, je nach Wellenlänge, als eine bestimmte Farbe.

Unsere wichtigste Lichtquelle ist die Sonne. Wenn sie scheint, sind die meisten Menschen einfach gut drauf. Nebelige und trübe Tage drücken förmlich die Stimmung. Die Sonne ist Licht- und Lebensspenderin und wird als Energiequelle in vielen Kulturen verehrt. Sie schenkt uns Licht, Wärme, Energie und Kraft, Freude, Gesundheit, Freiheit und Wachstum. Ein anhaltender Mangel an Sonnenlicht führt zu einer Schwächung der Abwehrkraft, Vitamin-D-Mangel, funktionellen Nervenstörungen und einer Verschlimmerung chronischer Krankheiten.

Auch Farben wirken nachgewiesenermaßen auf unseren gesamten Organismus. Sowohl unser physischer Körper, einschließlich des Immunsystems, als auch unsere Psyche mit unseren Gedanken und Gefühlen werden von Farben beeinflusst. Farben sind lebendige Kräfte, Quellen der Stärke, wenn wir sie richtig nutzen.

Die drei Grundfarben sind **Rot – Gelb – Blau.** Erste wissenschaftliche Untersuchungen führte man zur physiologischen Wirkung der Farben Rot und Blau durch.

1894 veröffentlichte Georg von Langsdorff sein Buch „Die Licht- und Farbgesetze und deren therapeutische Anwendung". Er hatte entdeckt, dass Rotlicht eine Ausdehnung der Gefäße bewirkt und somit eine bessere Durchblutung erzeugt, während Blaulicht eine Verengung der Gefäße und Blutleere herbeiführt, wobei die Haut unempfindlicher gemacht wird. Diese Erkenntnis nützen manche ZahnärztInnen, die zur Verhinderung von Zahnschmerzen bei kurzen operativen Eingriffen Blaulichtbestrahlungen durchführen.

Bei einer weiteren Forschungsarbeit wurden sehende Menschen zuerst in einen roten, dann in einen blauen Raum geführt. Dabei wurden Blutdruck und Puls gemessen. Im roten Raum kam es erwartungsgemäß zu einem Blutdruckanstieg mit erhöhtem Puls. Im blauen Salon wurde eine gegenteilige Reaktion festgestellt. Sowohl Blutdruck als auch Pulsschlag wurden gesenkt. Erstaunlicherweise erzielte man denselben Effekt bei blinden Personen. Die Erklärung dafür liegt darin, dass die verschiedenen Farbtöne zu 20 Prozent über unsere Augen aufgenommen und über das vegetative Nervensystem an das Gehirn weitergeleitet werden. Hier entsteht eine entsprechende Farbempfindung, die bei den BetrachterInnen ganz bestimmte körperliche und psychische Reaktionen auslöst. Zu 80 Prozent werden die Farbtöne allerdings direkt über den Körper, also die Haut aufgenommen.

Intuitiv wählen HypertonikerInnen (BluthochdruckpatientInnen), wenn sie von niemandem belehrt werden, blaue Farbtöne bei ihrer Kleidung. Sie sehen förmlich „rot" (Blutdruckanstieg), wenn zu viele Rottöne ihre Umgebung prägen.

Die Wirkung der Farben war schon früh bekannt. Die ägyptischen Priester hinterließen uns Manuskripte über ihre Wissenschaft der Farben. Die Tempelmeister lehrten schon vor Tausenden von Jahren, dass die Grundfarben Rot – Gelb – Blau mit Körper – Geist – Seele des Menschen korrespondieren. Die alten Ägypter bauten ihre Tempel mit sieben Räumen. Jeder Raum war in einer der sieben Regenbogenfarben ausgemalt. Diese Räume dienten zu Heilzwecken bei bestimmten Krankheiten.

Im Abendland befasste sich J. W. Goethe als einer der Ersten mit der Erforschung der Farben. Er wies sehr deutlich darauf hin, dass Farben die menschliche Psyche beeinflussen und dass zwischen Farbe und Empfindung ein enger Zusammenhang besteht.

Die sieben Spektralfarben in der Farbpsychologie

Rot:	Das warme Rot gilt als Symbol der Lebenslust.
Positiv:	Mut, Entschlossenheit, Dynamik, Vitalität
Negativ:	Krieg, Gewalttätigkeit, Hass

Orange: Das leuchtende Orange ist die Symbolfarbe für Heiterkeit und Optimismus.
Positiv: Selbstsicherheit, Freundschaft, Hilfsbereitschaft
Negativ: Dominanz, Feigheit, Trägheit

Gelb: Symbolfarbe der Weisheit und der hohen Intelligenz
Positiv: Fröhlichkeit, Erfolgsstreben, Fantasie
Negativ: Feigheit, Neid, Übertreibung

Grün: Symbol für feste Werte – dunkles Grün für Würde
Positiv: Harmonie, Sicherheit, Mitgefühl
Negativ: Geiz, Eigensinn, Missgunst

Blau: symbolisiert Vertrauensseligkeit und Treue
Positiv: Sanftmut, Geduld, Verlässlichkeit
Negativ: Aberglaube, Überheblichkeit, Selbstgerechtigkeit

Indigo: Symbolfarbe für mystische und spirituelle Kräfte
Positiv: Reformgeist, Idealismus, Furchtlosigkeit, soziale Aktivitäten
Negativ: Depression, Verfolgung, Intoleranz

Violett: Symbol für Verwandlung, Magie, Mystik; Machtfarbe
Positiv: hohe geistige Fähigkeiten, Nächstenliebe, Opferbereitschaft
Negativ: Sucht, Fanatismus, Arroganz, Verzweiflung

Intuitiv sehnen wir uns alle nach Harmonie. Wir wollen immer und jederzeit im Gleichgewicht sein. Mit der Farbauswahl unserer Kleidungsstücke nehmen wir sowohl Einfluss auf unsere als auch auf die Stimmung anderer Menschen.

Eigentlich ist es ganz einfach, achtsam zu sein. Ich lade Sie nun zu einer kurzen energetischen Farbmeditation ein. Wann immer Sie eine kleine Auszeit nötig haben und Energie tanken wollen, können Sie diese wohltuende Farbmeditation durchführen.

Setzen oder legen Sie sich dazu entspannt hin und atmen Sie ein paar Mal tief durch.
Hüllen Sie Ihren Körper vom Kopf bis zu den Füßen in verschiedene Farben ein, so als würde jemand die jeweilige Farbe ganz sanft von Ihrem Scheitel aus auf Sie herabgießen.
Beginnen Sie mit der Farbe Blau und stellen Sie sich vor, dass dieses Blau von oben durch den ganzen Körper fließt. – Wechseln Sie dann zu einem wohltuenden Grün, vom Kopf bis zu den Füßen.
Anschließend hüllen Sie sich in ein kräftiges Rot. Spüren Sie die Energie, die damit verbunden ist. – Lassen Sie das Rot zu einem freundlichen Orange werden, hüllen Sie sich ein.

Daraus entsteht dann ein helles Gelb. Sie strahlen nun wie die Sonne und sind voller Energie!
Spüren Sie ganz bewusst den Energiefluss in Ihrem Körper und strahlen Sie!

13.8 Atmen Sie sich frei!

Der Mensch kann einige Wochen ohne Nahrung leben, zwei Tage ohne zu trinken ausharren, aber nur wenige Minuten ohne zu atmen.

Eine Lehrerin sagte nach einem anstrengenden Schultag zu mir: „Weißt du, ich bin genervt und gestresst vom heutigen Schultag. Jetzt soll ich mich meiner Familie widmen – und weiß nicht, wie. Ich fühle mich ziemlich verkrampft!" Während sie mir das mitteilte, beobachtete ich ihren Atemrhythmus. Sie atmete unregelmäßig und so verkrampft, wie sie sich eben fühlte. Die Situation schien ihr die Luft zu rauben.

Wenn wir gut drauf sind, haben wir genügend Luft – wir atmen frei und fühlen uns einfach wohl. Wieder einmal dürfen wir in diesem Fall von den Chinesen und Indern lernen. In Indien übt man das bewusste, ruhige Atmen, um die wertvollsten Eigenschaften des Gehirns und die Klarheit des Denkens zu erzielen und um damit den Kräftestrom des Lebens zu lenken.

Richtiges Atmen befähigt uns zu unglaublichen Leistungen. Hier zwei Tipps zum richtigen Atmen:

- Atmen Sie immer durch die Nase ein und aus. Nur bei Anstrengung geht die Nasenatmung oft automatisch in die Mundatmung über. Ständiges Atmen durch den Mund ist ungesund, da die Schleimhäute ausgetrocknet werden und die Anfälligkeit für Infektionen und Erkältungen steigt.
- Atmen Sie weniger, aber tiefer; das heißt: ganz langsam und gleichmäßig einatmen, einige Sekunden nicht atmen, dann genauso langsam und gleichmäßig wieder ausatmen und einige Sekunden warten bis zum nächsten Atemzug. Atmen Sie dabei ohne Anstrengung, lassen Sie den Atem fließen.

13.9 Klopfen Sie sich frei!

Sie erleben ein Arbeitsklima, in dem Sie sich alles andere als wohlfühlen. Einige KollegInnen sind missgünstig und am liebsten würden Sie dies einmal zur Sprache bringen. Doch es fehlt Ihnen an Mut. Zu Hause angekommen, ärgern Sie sich über sich selber und auch darüber, dass Sie durch Ihr Stillschweigen wieder einmal eine nicht gewollte Zustimmung gegeben haben. Wahrscheinlich gibt es noch mehrere solcher Gewohnheiten oder Muster, die Sie gerne verändert hätten.

Manche Menschen gönnen sich Verhaltenstrainings. Sie üben vorerst im Rollenspiel oder ähnlichen Situationen, sich durchzusetzen. Dies funktioniert häufig recht gut. Ich möchte Ihnen eine recht einfache, dafür umso wirksamere Methode vorstellen: EFT oder MET (je nach Autor wird eine unterschiedliche

Bezeichnung gewählt). EFT bedeutet: Emotional Freedom Technique oder Energie-Feld-Therapie, und MET steht für Meridian-Energie-Technik. Die Vielfalt der Begriffe zeigt meines Erachtens die Begeisterung für diese Methode.

Gewohnheiten sind erlernt und trainiert, wir haben uns förmlich an sie gewöhnt. Wollen Sie etwas verändern, müssen Sie sich entwöhnen bzw. diese Muster „entlernen" oder verlernen. Dies ist nur möglich, wenn Sie sie durch andere, bessere ersetzen. Eines ist klar: Irgendwann hatten diese Gewohnheiten eine tiefere Bedeutung und machten Sinn, selbst wenn wir uns jetzt darüber ärgern.

Ein Klient kam aufgrund eines ausgeprägten Burn-out-Syndroms in Behandlung. Er hatte eine Führungsposition inne, die er, wie er selber sagte, zu 180 Prozent ausübte. Die Anforderungen stiegen, bis es eines Tages zu einem körperlichen Zusammenbruch kam.

Während einer wichtigen Besprechung bekam er plötzlich schlimme Kopfschmerzen. Er beschrieb es so, als würde der rechte Hinterkopf von einem „Bogen überspannt" werden, und in weiterer Folge konnte er nicht mehr sprechen. Er brachte nur mehr ein unverständliches Stammeln hervor. Natürlich waren er und auch seine Kollegen in großer Sorge und die Vermutung eines Schlaganfalles lag nahe. Die medizinische Untersuchung bestätigte dies jedoch nicht, eine genaue Anamnese führte zum Ergebnis: Burn-out.

Nachdem der erste Schock überwunden war und er zumindest in entspannter Atmosphäre wieder normal sprechen konnte, meldete er sich bei mir. Es wurde ihm schnell klar, dass er „den Bogen weit überspannt" hatte. In der Therapie wurde sein bereits in der Kindheit gut erlerntes Muster deutlich. Als Einzelkind im Haus der Eltern und Großeltern, die ihn über alles liebten, lernte er bestens zu „entsprechen". Er war ein Vorzeigekind: klug, lieb, gefällig. Natürlich schätzten die Erwachsenen sein Verhalten sehr. Nie gab es eine Widerrede, wie angenehm! Scheinbar profitierten alle davon, bis zu jenem besagten Zeitpunkt der Besprechung. Mein Klient war des Funktionierens überdrüssig oder, besser gesagt, sein Körper. Radikal, ja schockartig brachte er ihn zum Schweigen. Dieser bis jetzt so erfolgreiche Mann kam mit einem äußerst erschütterten Selbstvertrauen zur Therapie. Er hatte plötzlich Angst – vor vielem. Die Hauptangst bestand darin, „zu versagen, Fehler zu machen und deshalb nicht mehr gemocht, geschweige denn geliebt zu werden".

Da ich gerade ein Ausbildungswochenende zur EFT-Trainerin absolviert hatte, kam mein Klient zur rechten Zeit. Ich wendete das Gelernte bei ihm an und er fand schnell in seine gesunde Kraft zurück. (Die EFT-Behandlung werde ich hier nicht näher ausführen, da es den Rahmen dieses Werkes sprengen würde.)

Die EnergiefeldtherapeutInnen gehen von der Erkenntnis der östlichen Meridianlehre aus, die auch der Akupunktur zugrunde liegt. Der Körper besitzt ein Netz unsichtbarer Energieströme, die wesentliche Informationen im Körper transportieren. Wir kennen ca. 600 solcher Meridian- oder Energiepunkte. Treten nun negative Gefühle oder Gedanken auf, so kommt es zu Blockaden im Meridiansystem.

Kürzlich wurde ein 40-jähriger Mann, der an einer massiven Spritzenangst litt, zu mir geschickt. Er genierte sich sehr dafür. Im Gespräch schilderte er, nach wie vor sehr berührt, dass er vor 20 Jahren seine Verlobte verloren hatte. Sie verstarb innerhalb weniger Tage ganz unerwartet an einem sogenannten Multiorganversagen. Die Verlobte, die anfänglich über Bauchbeschwerden geklagt hatte, welche vom Hausarzt bagatellisiert worden waren, kam schließlich ins Krankenhaus. Mein Klient wollte sie am nächsten Tag besuchen, lapidar wurde ihm erklärt, dass sie auf der Intensivstation zu finden sei. Er fand sie dort, allerdings im Koma, aus dem sie nie mehr erwachte.

Er erlebte einen schweren Schock, der zu einer Blockade in den Meridianen führte. Diese Blockaden bringen nun das Energiefeld des Menschen ziemlich durcheinander und diese Negativerlebnisse werden im Gedächtnis gespeichert. Bei jeder Erinnerung an das ursprüngliche Trauma wird die Blockade automatisch reaktiviert. Das Fatale daran ist, dass allein ähnliche Situationen genügen, um dieselbe Schockwirkung zu erzielen. Im Therapiegespräch wurde nun klar, dass es nicht die Angst vor dem Einstich war, die diesen Mann beim Anblick der Spritze in Panik verfallen ließ, sondern der Geruch des Desinfektionsmittels, der ihn unbewusst an die Intensivstation erinnerte. Diese negativen Erinnerungen sind förmlich ins Gedächtnis eingraviert, sodass jede willentliche Kontrolle versagt.

In den beiden von mir geschilderten Fällen geht es um schlimme Erlebnisse, verbunden mit massiver Angst. Beide Männer, so wie alle Menschen, möchten natürlich diese Angst loswerden und lehnen sich dagegen auf. Gleichzeitig, da die Angst ein Teil von ihnen selber ist, lehnen sie sich selber dadurch ab.

Neben einer gezielten Meridianbehandlung geht es auch darum, sich mental mit sich selber zu versöhnen. Dies ist meines Erachtens der Schlüssel zur Befreiung. Wichtig dabei ist es, den Gedanken eine andere Richtung zu geben, weg von der Ablehnung, hin zur Akzeptanz. Mein Burn-out-Klient formulierte es so: „Obwohl ich große Angst davor habe, etwas falsch zu machen, liebe ich mich, so, wie ich bin!" Oder in der zweiten Falldarstellung: „Obwohl ich große Angst davor habe, ausgeliefert und hilflos zu sein, liebe ich mich so, wie ich bin!"

Die Änderung unserer Gedanken schafft ein anderes Energiefeld, Blockaden lösen sich.

Nachdem ich versprochen habe, Ihnen zu zeigen, wie Sie durch „Klopfen" frei werden können, löse ich jetzt endlich dieses Versprechen ein.

Sie kennen bereits die Kraft der Gedanken und die Beziehung zu unserem Energienetz. Nützen Sie nun beides, um Ihre Kraft, Ihre Ausgewogenheit, Ihre Lust, Ihre Begeisterung oder Ihre Liebe zu stärken.

> Wählen Sie ein Wort, einen Begriff aus, der einen Zustand bezeichnet, den Sie jetzt, heute oder am Abend erreichen wollen, um dann mit einer gezielten Eigenbehandlung zu beginnen.

Angenommen, Sie möchten den heutigen Tag „voller Lust" erleben. Dann denken Sie unentwegt an diese Wörter, stellen Sie sich die Situation auch vor und „beklopfen" Sie sich folgendermaßen:

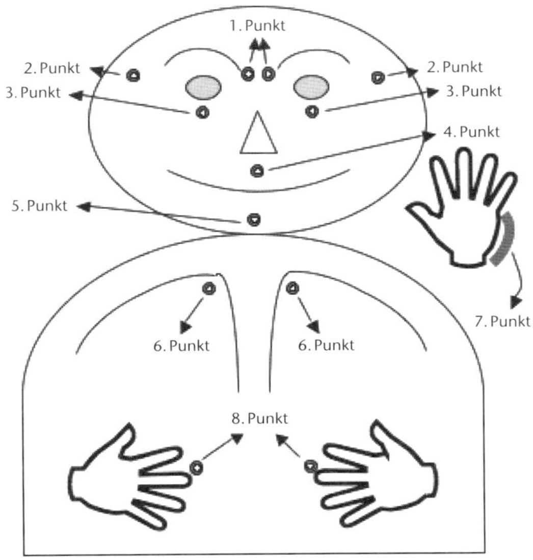

Verwenden Sie Ihre Zeige- und Mittelfinger und beginnen Sie am inneren Augenbrauenansatz (1. Punkt) beidseits zu klopfen. Dabei denken Sie immer an den erwünschten Zustand.
Nach mehrmaligem Klopfen setzen Sie dies an den Schläfen fort (2. Punkt).
Der 3. Punkt befindet sich in der Mitte des unteren Augenlides, klopfen Sie hier sanft weiter.
Der 4. Meridianpunkt befindet sich unter der Nase, in der Mitte zwischen Nasenansatz und Oberlippe; dabei klopfen Sie nur mit den Fingern einer Hand.
Ebenso gehen Sie weiter zum nächsten Punkt, unter dem Mund. Denken Sie immer wieder an den erwünschten Zustand.
Dann setzen Sie mit beiden Händen fort und beklopfen Punkt 6. Dieser befindet sich unterhalb des inneren Anfangs des Schlüsselbeines.
Als Nächstes beklopfen Sie mit Ihren Fingern den sogenannten Karatepunkt (Punkt 7). Sie finden ihn in der Mitte der Handaußenkante. Dieser wird auch bei Karateschlägen benutzt.
Zum Abschluss – und indem Sie nach wie vor an den erwünschten Zustand denken – klopfen Sie mit beiden Handflächen auf den unteren Rippenbereich (Punkt 8).
Dann lassen Sie Ihre Hände und Arme sinken und spüren die Energie und den freien Fluss der Energie.
Genießen Sie einfach nach.

Ich empfehle Ihnen, dieses befreiende Klopfen als Einstimmung auf den Tag oder bei diversen Lebenssituationen immer wieder anzuwenden. Es ist überall einsetzbar, denn das, was Sie dafür brauchen, haben Sie auf alle Fälle dabei: sich selbst!

14. Ihr Weg zum Glück

14.1 Optimist? – Pessimist?

Sobald ein Optimist ein Licht erblickt,
das es gar nicht gibt,
findet sich ein Pessimist,
der es wieder ausbläst.
Giovanni Guareschi

Gehören Sie zur Gruppe der Optimisten oder der Pessimisten? Sehen Sie das Glas prinzipiell halb voll oder halb leer? Ich lade Sie wieder zu einem kleinen Exkurs ein.

Beim autogenen Training geht es schwerpunktmäßig um die Kraft der Vorstellung. Positive Gedanken stärken uns, was nun aber nicht bedeutet, dass Optimisten von Schicksalsschlägen verschont bleiben. Wenn wir vom Leben sprechen, meinen wir auch unser Schicksal: Es „schickt sich was".

Nachdem ich Optimistin bin, sehe ich im Pessimismus ebenso das Positive. Die Vorteile pessimistischer Gedanken sind nämlich: Wenn ein negativ erwartetes Ereignis tatsächlich eintritt, ist es nicht ganz so schlimm, da man ja sowieso damit gerechnet hat, man war also vorbereitet. Sollte es nichtsdestotrotz besser kommen, dann darf man sich ja sogar ein bisschen freuen.

Der Vorteil des positiven Denkens besteht darin, dass Optimisten im Leben schneller zu Lösungen finden, d. h., sie sind rascher besser drauf.

Einen Aspekt greife ich in diesem Zusammenhang nochmals auf: Optimismus und Pessimismus sind übertragbar. Ein Optimist schenkt Kraft und Energie, der Pessimist zieht sie ab.

Möglicherweise kennen Sie die Situation: Sie wollen eine große Reise machen und freuen sich darauf. Da begegnen Sie jemandem, der Ihnen gegenüber seine Bedenken äußert. Er erzählt Ihnen davon, welche Krankheiten Sie sich holen können oder sogar werden; dass die Kriminalität gegenüber TouristInnen enorm gestiegen sei. – Und es ist ganz normal, wenn Sie plötzlich etwas weniger Lust haben, überhaupt loszufahren.

Oder es verlässt eine motivierte Schülerin, die sich gut auf eine Prüfung vorbereitet hat, der Mut, wenn ihr jemand sagt, dass die Prüfung bei dem Lehrer XY besonders aussichtslos sei.

Hier wird deutlich, wie wichtig es ist, sich vor den negativen Gedanken zu schützen. Diese beziehen nämlich ihre Kraft aus der Quelle unserer Urangst. Keiner von uns ist wirklich frei davon und so sind wir mehr oder weniger leicht irritierbar. Weniger irritierbar sind wir, wenn wir uns stabil fühlen, wenn es uns gut geht. Sollte es jemand in unserem Reisebeispiel tatsächlich geschafft haben, Ihnen die Freude zu nehmen, dann gönnen Sie sich selbststärkende Gedanken. Kramen Sie in Ihrer Erinnerung, um daraus Kraft und Energie zu tanken. Denken Sie an jene

Reisen, die Sie mit Begeisterung erlebt haben, aber auch an die Vorkehrungen, die Sie getroffen haben.

Oder der Schülerin wäre zu raten, sich selber für ihren Fleiß und die Vorbereitung anzuerkennen und auf das Glück, das wir immer brauchen, zu hoffen.

Eines ist klar: Sobald ich eine für mich richtige Entscheidung treffe, erzeuge ich bei Menschen, die eine andere Sicht der Dinge haben, automatisch einen Widerstand. Ich kann jedoch diesen Widerstand als Anregung sehen, diese meine Idee nochmals zu überdenken. Wichtig ist es aber, „meiner Stimmigkeit" zu folgen. Denn selbst wenn es andere gut mit mir meinen, was sie oft behaupten und was auch häufig stimmt, heißt es noch lange nicht, dass es tatsächlich gut für mich ist.

14.2 Wunschvorstellung und Zielformulierung

Von der endlosen Reise
Es war einmal eine endlose Reise. Sie hatte irgendwann begonnen und dauerte nun schon Ewigkeiten.

Keiner konnte sagen, wohin die Reise ging, und keiner konnte abschätzen, wann sie je enden würde.

Irgendwann war die Reise es leid und suchte Rat bei einem weisen Mann. Der hörte sich die Geschichte der Reise an und schwieg dann einen Augenblick.

„Das Problem ist leicht zu lösen", sagte er, „du brauchst nur ein Ziel."
(Konnerth 2008a, Seite 142)

„**Ich wünsche** mir, alle Tage meines Lebens einfach gut drauf zu sein." Oder: „Mein **Ziel** ist es, täglich alles mir Mögliche zu tun, um einfach gut drauf zu sein."

Ein sehr verständlicher Wunsch und eine konkrete Zielformulierung. Eine von mir gern gewählte Aussage lautet: Wenn Wünsche, Visionen und Träume stark genug, d. h. von meiner Vorstellungskraft getragen sind, dann gehen sie plötzlich in Erfüllung. Viele Menschen wünschen sich etwas, ohne genau darüber nachgedacht zu haben. Darauf passt die Redewendung: „Passen Sie auf, was Sie sich wünschen, es könnte in Erfüllung gehen!"

Je klarer die Vorstellung, desto konkreter wird die Umsetzung. Das, was wir uns vorzustellen vermögen, vermag sich auch zu verwirklichen, denn die Sprache unseres Unbewussten sind die Bilder. Häufig höre ich die Feststellung: Man muss es nur richtig wollen! Wenn es dann trotzdem nicht klappt, gibt es eine Entschuldigung, etwa in der Form: Der Geist war willig, aber das Fleisch war schwach …

Die Vorstellungskraft steht über der Willenskraft! Die Praxis beweist es. In meinen Raucherberatungsseminaren höre ich manche RaucherInnen allen Ernstes behaupten: „Ich will jetzt mit dem Rauchen aufhören!" Die Gretchenfrage dazu lautet: „Und können Sie sich das wirklich vorstellen? Können Sie sich vorstellen, Ihren Kaffee ohne Zigarette zu genießen?"

Forschungen bestätigen, dass völlig logische Gedanken unwirksam sind, wenn sie nicht bildhaft vorgestellt werden können, während ganz unlogische durch intensive bildhafte Vorstellungen stark wirksam werden (siehe auch Abschnitt 13.6). Durch die Hypnoseforschung gibt es genug Beispiele dafür. Möglicherweise waren Sie schon einmal ZuseherIn oder gar Mitwirkende/r in einer Hypnoseshow. Vielleicht erlebten Sie dabei, wie der Hypnotiseur den TeilnehmerInnen suggerierte, dass sie in den Genuss von wohlschmeckenden Pfirsichen kommen werden. Anschließend servierte er ihnen Zitronen, die sie genussvoll als vermeintliche Pfirsiche aßen.

Durch die Hirnforschung wissen wir, dass unser Gehirn **nicht** zwischen Vorstellung und Wirklichkeit unterscheiden kann. Außerdem ist, genauso wie der Wille, die Realität der Vorstellung untergeordnet.

Diese Erkenntnisse sind ausgesprochen wichtig, wenn es darum geht, bestimmte Ziele im Leben zu verwirklichen.

Ein Kollege schildert folgende Situation: „Seit Schulbeginn bin ich Klassenvorstand einer 3. Hauptschulklasse. Ich löste eine Kollegin ab, die offensichtlich mit den SchülerInnen maßlos überfordert war. Anfangs sah ich die Situation als Herausforderung, aber mit der Zeit merkte ich, wie mir selber die Energie ausging. Ich merke, wie sehr es mich trifft, wenn ich gut vorbereitet und begeistert in die Klasse gehe und manche Kinder trotzdem ‚bewusst' stören. Mit jedem Tag bin ich schlechter drauf und zwinge mich förmlich dazu, in die Schule zu gehen. Meine Kollegin hat mein vollstes Verständnis (was anfänglich nicht so war!)."

Im Gespräch wurde deutlich, wie sehr unser Kollege unter Druck war, wodurch in weiterer Folge seine innere Leistungsbereitschaft und Motivation erheblich gesenkt wurden. Dennoch war er innerlich zerrissen. Eine innere Stimme wollte ihn ermutigen: „Komm schon, du schaffst es ..." Und die andere quälte ihn: „Du hast genauso versagt, du nimmst den Mund immer zu voll. Schau dich an, wie du dahängst ...!" Mir war es wichtig, seine bisherigen Leistungen anzuerkennen und ihm seine Fähigkeiten wieder bewusst zu machen. Außerdem honorierte ich, dass er sich seine Grenzen auch eingestanden hatte. Wichtig war nun herauszufinden, welches Ziel er für sich erreichen wollte.

Erfreut über den Neubeginn begann er zu überlegen: „Mein Ziel ist es, wieder so energetisch zu werden wie zuvor und die SchülerInnen dazu zu bringen, meine Begeisterung für das Fach zu teilen!" Da niemand außer uns beiden beim Gespräch zugegen war, machte ich mit ihm ein kleines gedankliches Experiment. Ich fragte ihn, was wohl eine ihm sehr vertraute Kollegin zu dieser Zielformulierung sagen würde. Wie aus der Pistole geschossen, kam die Antwort: „Unmöglich – würde sie sagen –, das ist eine Illusion!" Kaum hatte er dies ausgesprochen, schien er um zehn Jahre gealtert.

Um ihm wieder Mut zu machen, nahm ich folgendes Bild zu Hilfe:

Unsere Visionen und Träume sind der Nährboden für unsere Ziele. Visionen und Träume sind die Sterne, nach denen wir greifen sollen, die Sterne, die uns den Weg zeigen. „Ein Mensch, der nicht träumt, lebt nicht." Dies ist sowohl physiologisch als auch psychologisch gesehen richtig.
Psychologisch gesehen sind Visionen und Träume die Wegweiser für das Leben. Ein arabisches Sprichwort sagt: „Willst du auf Erden gerade Furchen ziehen, so hänge deinen Pflug an einen Stern." Oder um im Sinne von Saint-Exupéry zu sprechen: „Willst du ein Schiff bauen, so lehre deine Männer nicht mit Werkzeug umzugehen, sondern erwecke in ihnen die Sehnsucht nach dem großen, weiten Meer."

Der engagierte Kollege hörte interessiert zu, um anschließend seine Zielformulierung genau unter die Lupe zu nehmen. Es war ihm sofort klar geworden, dass Ziele nur dann erreichbar sind, wenn sie im eigenen Einflussbereich liegen. Dies ist wohl das deutlichste Merkmal eines Zieles. Die Hauptfrage lautet demnach: „Haben Sie Ihr Ziel unter Ihrer Kontrolle, liegt es in Ihrer Hand?"

Der Kollege erkannte, dass seine Formulierung sowohl aus einem Zielsatz, also erreichbar, als auch aus einer Vision bestand. Er fühlte sich sogleich wohler. Immerhin gab es etwas, was er in der Hand hatte, somit schien er nicht „hilflos" ausgeliefert.

„Wieder so energievoll zu werden wie zuvor" unterlag, selbst wenn es nicht so einfach zu werden schien, seiner eigenen Kontrolle. Er erinnerte sich an Phasen in seinem Leben, in denen er sich ebenfalls erschöpft, ausgelaugt und frustriert gefühlt hatte. Immer wieder war es ihm gelungen, aus diesem Tief herauszukommen. Auf die Frage, wie er dies denn geschafft hatte, bemerkte er: „Durch Gespräche mit einem guten Freund, den ich allerdings etwas aus den Augen verloren habe, und durch einsame Waldspaziergänge, zu denen ich mich in letzter Zeit nicht mehr aufraffen wollte."

Als er dies ausgesprochen hatte, leuchteten seine Augen. Nach dem Motto „Gesagt – getan!" war bereits ein erster energetischer Anflug spürbar. Ich erklärte ihm, dass alles, was uns gut tut, uns Energie gibt, und lud den Kollegen ein, über mehrere solche Möglichkeiten nachzudenken. Da er Liebhaber klassischer Musik war und sowohl Konzertbesuche als auch gemütliche musikalische Haussessions liebte, gerne mit einer quirligen Freundin zum Kaffeeplausch ging, erweiterte sich sein Repertoire. Ich empfahl ihm, diese und ergänzende Ideen aufzuschreiben und gut sichtbar in seiner Wohnung zu deponieren. Auf diese Weise ist es möglich, eigene Kraftquellen wieder zu verdeutlichen, um sie im rechten Moment verfügbar zu haben.

„Die Schüler für sein Fach so zu begeistern, wie er es war" erschien ihm utopisch. So schlimm bewertete ich dies nicht, denn wahrscheinlich war es ihm anfänglich gelungen, einige zu faszinieren. Bei genauerem Nachdenken wurde ihm klar, dass nicht **alle** störten, sondern in Wirklichkeit „nur" drei.

Die Feststellung, dass die Begeisterungsfähigkeit seiner SchülerInnen nicht ausschließlich in seiner Hand lag, beruhigte ihn. Oft ist die Unterscheidung von Ziel und Vision eine echte Entlastung, da dadurch ein realistisches Handeln möglich wird.

Ich lud ihn ein, aus diesem visionären Satz einen Zielsatz zu formulieren. Was hatte er in Bezug auf die Begeisterungsfähigkeit seiner SchülerInnen tatsächlich in der Hand? „Ich kann mir die Unterrichtsgestaltung überlegen und wie ich mit den Störenfrieden umgehen bzw. die aufmerksamen ZuhörerInnen belohnen könnte. Ich könnte als Start etwas Auflockerndes oder auch Entspannendes einbauen ..." Es sprudelte nur so aus ihm heraus. Allein die Erkenntnis seiner Handlungsfähigkeit hatte aus dem Kollegen wieder den gewohnten „alten" mit seinen vielen Fähigkeiten und Ressourcen werden lassen.

Die wichtigsten **Merkmale einer Zielformulierung:**
- Ich habe das Ziel in meiner Hand, unter meiner Kontrolle.
- Es ist erreichbar und vorstellbar.
- Es ist konkret formuliert: „ab heute, jeden Dienstag, von – bis ..."
- Es ist positiv formuliert – keine Unmöglichkeiten formulieren, wie etwa: Ich werde nicht mehr rauchen! Worauf richtet sich der Fokus bei diesem Satz? Ja, genau: auf das Rauchen – genau auf das, was Sie verändern wollen. Die Zielfrage heißt somit: Was wollen Sie erreichen? Eine klare Zielformulierung beginnt mit: „Ich werde ..., ich tue ..., ich will ..., ich darf ..., ich erlaube mir ..."

Aus dem Neurolinguistischen Programmieren (NLP) kennen wir ein Zielmodell, das durch seine Exaktheit in der Formulierung eine Garantie für Erfolg darstellt. Hier geht es nicht nur darum, den Zielsatz zu formulieren, sondern auch weitere Konkretisierungen vorzunehmen. Ich lade Sie ein, mithilfe des Zielmodells das eigene erfolgreiche Handeln zu ermöglichen und somit die persönliche Zufriedenheit zu stärken.
(Unterlagen dazu finden Sie unter http://beruf-lehrerin.veritas.at.)

1. Formuliere konkret dein Ziel.
2. Hast du dieses Ziel unter deiner Kontrolle?
3. Wie wirst du dich fühlen, wenn du dein Ziel erreicht hast?
4. Was könnte dich an der Erreichung deines Zieles hindern?
5. Stimmst du deinem Ziel nach wie vor zu?
6. Welche Hilfen brauchst du, um dein Ziel zu erreichen?
7. Wie hoch ist der Preis, um dieses Ziel zu erreichen?
8. Stimmst du deinem Ziel nach wie vor zu?
9. Was ist der erste konkrete Schritt?

Übrigens: Jedes erreichte Ziel wird Sie belohnen!

14.3 Der Entschluss, glücklich zu sein

Das Glück beruht nur auf dem Entschluss, glücklich zu sein.
Seneca

Das Wort „Glück", mittelhochdeutsch *gelücke,* leitet sich von „gelingen" und damit von „leicht" ab. Glück ist somit das Gelungene und leicht Erreichte.

Ein Spruch lautet: „Wenn du dich eine Minute ärgerst, dann versäumst du sechzig Sekunden des Glücklichseins!" Nun gibt es aber kein Patentrezept für ein glückliches Leben.

„Wir brauchen nicht mehr Geld, wir brauchen nicht mehr Erfolg oder Ruhm, wir brauchen nicht den perfekten Körper oder den perfekten Partner", meint der Dalai Lama (2003). „Denn das Glück liegt im Jetzt. Darin liegt die vollständige Grundausrüstung, um vollständiges Glück zu erlangen." Dies besagt, dass Glück subjektives Empfinden ist.

Es gibt Menschen, die glücklicher sind als andere. Psychologisch gesehen ist Glück ein vollkommener und dauerhafter Zustand intensivster Zufriedenheit. Glück ist, wenn meine Erwartungen in Erfüllung gehen und ich meine Bedürfnisse befriedigen kann. Glücklich ist jemand, der in seinem augenblicklichen Tun aufgeht. Studien zeigen, dass jene Menschen glücklicher sind, die eine gewisse Autonomie genießen und nicht vorwiegend fremdbestimmt sind.

Der Entschluss, glücklich zu sein, braucht die Erkenntnis darüber, **was** einen glücklich macht.

Wann in Ihrem Leben waren Sie einfach glücklich? Denken Sie bitte einige Minuten darüber nach, gönnen Sie sich Zeit, um in Ihre Glücksmomente einzutauchen. Wie fühlt sich diese Erinnerung an? Wie und wo in Ihrem Körper spüren Sie dieses Glücksgefühl?
Hat diese glückliche Erinnerung mit Ihnen alleine zu tun? Waren andere Menschen dabei? Machten die anderen Sie glücklich oder aber umgekehrt, Sie die anderen Menschen glücklich?

Viele Leute sind eifrig bemüht, andere „glücklich" zu machen, denn „Glück ist das Einzige, das sich verdoppelt, wenn man es teilt".

Irgendwann in meinem Leben habe ich bemerkt, dass ich auch mit mir selber glücklich sein kann. Wenn ich in der Natur bin, einen schönen Baum betrachte, der kleine Bach neben mir mich durch sein sanftes Plätschern beruhigt oder mich die wundersame Abendstimmung beeindruckt. Besonders glücklich bin ich in den Momenten tiefer persönlicher Erkenntnis. Die Aborigines, die Ureinwohner Australiens, feiern ihre Erkenntnis- und somit ihre Entwicklungsschritte. Wir feiern unseren Geburtstag als Wertschätzung dafür, dass es Sie und mich und andere Menschen gibt. Trotzdem lade ich Sie ab heute ein, Ihre wunderbaren Aha-Erlebnisse zu genießen und zu feiern.

Sie kennen sicherlich auch das beglückende Gefühl, das durch andere Menschen ausgelöst wird, wie z. B. ein Kinderlächeln, ein paar unverständlich geplapperte Worte eines Kleinkindes, die einen tief im Herzen berühren. Oder eine liebevolle Geste eines möglicherweise wenig vertrauten Menschen, ganz zu schweigen von der Begegnung mit einem geliebten Menschen und dem höchsten Glück der Liebe.

Der Mensch ist ein **Kontaktwesen.** Damit wir leben, überleben und uns entwickeln können, brauchen wir Kontakt. Kontakt zu anderen Menschen, zur von uns „beseelten" Natur oder zu einem höheren spirituellen Wesen.

Alle Menschen sind in Wirklichkeit auf der Suche nach dem Glück. Der Dalai Lama schreibt (2005): „Liebe, Mitgefühl und ein aufrichtiges Interesse an anderen sind die wirklichen Quellen des Glücks. Wenn Sie diese drei [...] im Überfluss haben, dann werden selbst die unangenehmsten Umstände Sie nicht stören können. Wenn Sie jedoch den Hass pflegen und kultivieren, dann werden Sie sogar in einem Luxusleben nicht glücklich sein können. Wenn wir also wirklich Glück erreichen wollen, dann müssen wir den Einflussbereich unserer Liebe erweitern."

Sie als LehrerIn haben eine wunderbare Aufgabe gewählt, in der Sie fast täglich die Quellen des Glücks trainieren können. Ich unterstelle Ihnen, dass es aufrichtiges Interesse am Mitmenschen war, welches Sie bewogen hat, diesen Beruf zu ergreifen. Wenn Sie nun in der Begleitung der SchülerInnen erleben, dass manche vielleicht nicht ganz Ihrer Vorstellung entsprechen, haben Sie entweder die Möglichkeit, sich darüber zu ärgern, oder aber Ihr Mitgefühl zu leben. Ärger und Zorn sind zerstörende Kräfte, die viel Porzellan zerschlagen können. Den meisten Menschen tut es im Nachhinein leid, dass sie so außer Kontrolle geraten sind. Und ich meine: Spätestens zu diesem Zeitpunkt beginnt der Ärger konstruktiv zu werden.

Mitfühlen heißt: Ich versuche dich zu verstehen, du bist mir ganz nah, der zum momentanen Zeitpunkt nächste Mensch, und ich nehme dich wahr.

Wenn wir diese Haltung, den anderen in seinem Sosein für **wahr** zu nehmen, in unser Repertoire an Werthaltungen aufnehmen, bekommt unser Leben einen neuen Sinn. Es ist so schön und wichtig, dass wir auf dieser Welt sind, und im Mitfühlen werden wir **wirksam**.

Auf dem Wiener Zentralfriedhof hat mich die Grabinschrift von Robert Stolz sehr beeindruckt: „Wenn ich durch mein **Wirken** bei den Menschen etwas **bewirkt** habe, dann hatte mein Leben Sinn."

14.4 Strategie-Tipps, um glücklicher zu werden

1. Stellen Sie sich Situationen vor, in denen Sie glücklich waren bzw. sind. Ich empfehle Ihnen, sich diese Situationen in nachfolgender Liste schwarz auf weiß zu verdeutlichen (Sie können die Liste auch unter http://beruf-lehrerin.veritas.at downloaden):

Situation	Wo	Mit wem	Glücksgefühl (beschreiben)

2. Wenn Sie schlecht gelaunt sind, fragen Sie sich, was Ihnen **fehlt** bzw. was Sie brauchen, um glücklich zu sein. Vielleicht ist die vorher beschriebene Liste hilfreich.
3. Gönnen Sie sich mehr und mehr eine positive Sicht Ihrer selbst! Wenn Sie Ihr Augenmerk täglich auf Ihre Fehler richten, nur weil es Ihr Beruf so „will", nehmen Sie sich ständig etwas von Ihrem Wert. (Ich kenne etliche Menschen, die gutes Geld damit verdienen, am Selbstwert anderer herumzubasteln.) Starten Sie in den Tag, indem Sie sich Folgendes überlegen: „Was macht mich glücklich? Was werde ich mir heute gönnen?" Und am Abend, vor dem Einschlafen machen Sie sich bewusst: „Worauf bin ich heute stolz? Was ist gut gelaufen, was habe ich alles geschafft?"
4. Pflegen Sie liebevolle, energetisierende Beziehungen. Aufmerksamkeit ist eine sehr intensive Form von Zuneigung. Menschen, die aufmerksam sind, bemerken, dass Sie da sind. Sie signalisieren: Es ist so schön, dass es dich gibt. Ja, es ist ein Glück, dass du da bist! Lassen Sie diese Botschaft wirken und spüren Sie gleichzeitig, wie sich die Freude darüber in Ihrem ganzen Körper ausbreitet.
5. Spüren Sie immer wieder in Ihren Körper hinein! Menschen, die gelernt haben, sich zu spüren, gehen achtsam mit sich um und nehmen dabei auch ihre Wünsche, Sehnsüchte und Bedürfnisse besser wahr.

Fühlen Sie täglich einmal ganz bewusst Ihren Atem. Der Atemrhythmus kennt drei Sequenzen: Einatmen – Ausatmen – Pause. Lassen Sie Ihren Atem fließen und achten Sie darauf, wann Ihr Körper nach der Pause wieder zu atmen beginnt, ganz von selbst. Wiederholen Sie diese Atemübung fünfmal.

6. Üben Sie sich in Gelassenheit, damit haben Sie bereits einen großen Schritt zu einem glücklichen Leben geschafft. Im Kapitel 13 finden Sie dafür etliche Anregungen. Lernen Sie loszulassen! Wenn Sie etwas unbedingt festhalten wollen, stellen Sie sich die Frage: „Was kann schlimmstenfalls passieren, wenn sich dieses oder jenes nicht erfüllt? Und was kann sich bestenfalls daraus ergeben?“ Unser Leben basiert auf Veränderung und in jeder Veränderung liegen neue Chancen.
7. Gönnen Sie sich positive Gedanken! Sie wissen, dass unsere Gedanken unseren Lebensweg bestimmen. So liegt es also in Ihrer Entscheidung, das Glas halb voll oder halb leer zu sehen. Beides ist richtig. Ersteres ist hilfreicher.
8. Setzen Sie Prioritäten! Verzetteln Sie sich nicht in Unwichtigkeiten. Überlegen Sie, was Sie tatsächlich wollen, und überprüfen Sie dabei die energetische Größe: Was davon gibt Ihnen Energie, was davon nimmt Ihnen Energie? Energie ist überall verfügbar. Es ist aber wichtig, sorgsam mit dem eigenen Energiehaushalt umzugehen. Energetische Menschen sind in ihrer Lebensfreude spürbar.
9. Gehen Sie Ihren Weg! Stellen Sie sich die Frage: „Wer bin ich eigentlich und was erwarten andere von mir? Will ich so sein oder wie will ich sein?“ Was andere von Ihnen denken, ist nicht annähernd so wichtig wie das, was Sie zufrieden und glücklich macht. Sie haben es ja sowieso nicht wirklich in der Hand, was andere von Ihnen und über Sie denken wollen.
   Für Mahatma Gandhi beruhte Glück auf der Erkenntnis, dass wir tun, was wir für richtig und angemessen halten, und nicht, was andere sagen oder tun.

14.5 Die Magie des Lächelns

Betrachten Sie für ca. 10 Sekunden das Bild rechts und nehmen Sie dabei Ihre Körperreaktionen und Empfindungen wahr.

Machen Sie nun das Gleiche mit dem zweiten Bild!

Merken Sie einen Unterschied?

Unsere Spiegelneurone (siehe Abschnitt 7.3) erkennen beide Ausdrucksformen und lösen entsprechende Reaktionen in uns aus. Ein „negativer" Blick beeinflusst unser Empfinden genauso wie **ein Lächeln**.

Üblicherweise lächeln wir, wenn es uns gut geht. Wenn uns jemand zulächelt, entwickeln wir selber Empfindungen wie Heiterkeit und Leichtigkeit. Wenn Sie lächeln, entspannt sich ein Großteil Ihrer Gesichtsmuskulatur, ebenso Muskeln im Brust-, Schulter-, Nacken- und Oberbauchbereich. Sie sehen, Lächeln ist ein wunderbares Training. Sollte ein Tag vergehen, an dem Sie nicht zumindest einmal gelächelt haben, dann war dieser Tag umsonst. Studien bestätigen, dass auch grundloses Lächeln einen Effekt hat.

> Also: Lächeln Sie jetzt nochmals ca. 10 Sekunden lang. Indem Sie weiterlächeln, versuchen Sie sich gleichzeitig über irgendetwas zu ärgern. Wenn Ihnen dabei das Ärgern schwerfällt, haben Sie soeben ein kostenloses, rezeptfreies und vor allem wirksames, jederzeit anwendbares Mittel zum Glücklichsein gefunden.

Die Chinesen nützen die Magie des Lächelns schon lange. Der Leitspruch im Land des Lächelns heißt: „Lächle bei allem, was du tust, lächle dir selber zu!" Und die Konsequenz daraus ist, dass alles besser gelingt. Der eigene Leichtigkeits- und Entspannungseffekt wirkt sich auch auf die Gefühlslage unseres Gegenübers positiv aus und somit heißt es zu Recht: „Der kürzeste Weg zwischen zwei Menschen ist ein Lächeln!"

14.6 Das Einmaleins des Genießens

Man will nicht nur glücklich sein,
sondern glücklicher als die anderen.
Und das ist deshalb so schwer,
weil wir die anderen für glücklicher halten,
als sie sind!
Charles-Louis de Montesquieu

Die Gefahr ist groß, durch den Blick auf die anderen das eigene Genießen zu versäumen. Viele Menschen haben auch nicht gelernt zu genießen. Genießen heißt innehalten – und dies wird durch unseren Zeitgeist beinahe verboten. In meinen psychotherapeutischen Sitzungen brauchen etliche KlientInnen häufig sogar eine **Erlaubnis** zum Innehalten und zum Genießen. Wir haben in der heutigen Zeit mehr Genussmöglichkeiten denn je. Was aber fehlt, ist Zeit, Zeit, diese Genussmöglichkeiten bewusst zu machen und sie zu nutzen.

Dennoch besitzen wir alle die Fähigkeit zum Genießen. Diese Fähigkeit ist eine enorme Kraftquelle, die wir nicht übersehen dürfen.

> Überlegen Sie in Ruhe für sich, was Ihnen heute, gestern und vorgestern Genuss bereitet hat.
> Genussvoll erleben wir Gedanken, Wahrnehmungen, Gefühle, Handlungen, die uns einfach gut tun. Sie schenken uns Freude und Wohlgefühl.
> Genießen braucht Zeit und ungeteilte Aufmerksamkeit.
> Reservieren Sie sich täglich Ihre ganz persönlichen Genusszeiten! Sie haben es verdient!

Genuss hat mit Wahrnehmung zu tun. Unsere fünf Sinne ermöglichen uns das Genießen. Indem wir sehen, hören, riechen, schmecken und fühlen, nehmen wir das wahr, was uns unangenehm ist, aber auch das, was uns gut tut.

Ich lade Sie nun ein, sich ab sofort zu entscheiden, dem Club der GenießerInnen beizutreten. Schärfen Sie Ihre Sinne, tun Sie Selbstverständliches ganz bewusst! Nehmen wir als Beispiel eine erotische Situation. Dabei ist das Wahrnehmen mit allen Sinnen ganz selbstverständlich: Wir fühlen den anderen, sehen (durch die erotische, rosarote Brille), hören (nur das, was wir hören wollen), riechen ihn (jemanden riechen zu können ist das beste Indiz für eine Beziehung) und schmecken ihn. Je intensiver die Sinneswahrnehmung ist, desto größer ist der Genuss. Im Alltagsleben tun wir so, als wären wir ferngesteuert bzw. wir taten so, denn ab jetzt ist alles anders!

Aktivieren Sie ganz bewusst Ihre fünf Sinne:

- **Schauen Sie neugierig:** Schauen Sie sich da, wo Sie gerade sind, einmal ganz genau um, neugierig und aufmerksam, so, als hätten Sie es noch nie zuvor gesehen. Machen Sie ein „inneres Foto". Wenn ich mir als Kind eine schöne Landschaft einprägen wollte, habe ich so getan, als wäre ich ein Fotoapparat: Linse auf, genau einstellen, scharf stellen und „knipsen", also Linse zu. Schauen Sie sich dann Ihr „inneres Bild" mit geschlossenen Augen an, um im Nachhinein zu überprüfen, ob Sie etwas übersehen haben. Suchen Sie auch nach „visuellen Schätzen": Entdecken Sie eine kleine Blume am Straßenrand, betrachten Sie einen alten Baum, der viel zu erzählen weiß, und anderes. Gönnen Sie sich auch die Wirkung von Farben, indem Sie Farbflächen betrachten und registrieren, was diese bei Ihnen auslösen. Wie fühlt sich z. B. die Farbe Rot für Sie an, was empfinden Sie bei Blau …?
- **Horchen Sie achtsam:** Setzen Sie sich ganz ruhig hin, schließen Sie die Augen und hören Sie, welche Geräusche hörbar sind. Wir sind täglich von unzähligen Geräuschen umgeben, nehmen aber viele davon nicht wirklich wahr. Machen Sie sich nun mit geschlossenen Augen bewusst, was genau Sie wahrnehmen, und vor allem auch, welche Empfindungen dadurch ausgelöst werden. Was z. B. empfinden Sie, wenn Sie Straßenlärm hören, was, wenn Sie Vogelgezwitscher wahrnehmen …?
  Wenn Sie Musik hören, lernen Sie zu unterscheiden, welche davon Sie fröhlich oder welche Sie traurig macht. Welche Stimmen hören Sie gerne und warum? – Horchen Sie auch in die Stille!

- **Schmecken Sie genussvoll:** Was essen Sie am liebsten? Denken Sie einmal ganz bewusst an Ihre Lieblingsspeise und holen Sie sich den Geschmack dazu auf Ihre Zunge. Die Empfehlung, aufgenommene Nahrung 30 Mal zu kauen, hat unter anderem den Sinn, das Gegessene wirklich wahrzunehmen, zu schmecken. Trinken Sie auch ganz achtsam ein Glas Wasser, Wasser ist in Wirklichkeit nicht geschmacksneutral. Lassen Sie als Kontrast dazu ein Stück Schokolade förmlich auf der Zunge zergehen. Was tut gut? Um die Wahrnehmung zu schärfen, hilft es, einmal auf Gewürze oder Süßstoff zu verzichten. Menschen, die regelmäßig fasten, haben danach oft ganz besondere Geschmackserlebnisse.
- **Riechen Sie sorgfältig:** Sie wissen, wie wichtig es ist, jemanden riechen zu können. Die beste Partnervermittlung erfolgt über den Geruchssinn. Früher, vor dem Aufschwung der Parfumindustrie, waren Täuschungsmanöver weniger häufig als heutzutage. Menschen, die krankheitsbedingt nichts mehr riechen können, verlieren den Spaß am Essen und somit am Leben. Es tut unendlich gut, angenehm zu riechen. Es belastet, wenn ein unangenehmer Geruch uns umgibt. Riechen Sie heute ganz bewusst die Nahrung, die Sie zu sich nehmen. Gehen Sie spazieren und riechen Sie, schnuppern Sie an Blumen und Bäumen. Riechen Sie in Gebäuden – Schulgebäude z. B. haben einen unverkennbaren Geruch. Sie kennen sicher auch Gerüche, die Sie in alte Erinnerungen zurückführen. Gönnen Sie sich eine Unterscheidung zwischen angenehm und unangenehm, um Angenehmes immer wieder zu genießen.
- **Fühlen Sie liebevoll:** Unsere Haut ist unser Tastsinnesorgan. Sie ist unser größtes Organ und umgibt uns komplett. Dementsprechend können wir eigentlich nicht nicht fühlen. Zu den beliebtesten Therapieanwendungen in unserem Rehabilitationszentrum zählt die Massage. Berührung, wenn sie angenehm ist, tut gut. Die meisten Menschen sehnen sich danach, gestreichelt zu werden. Viele wiederum leiden darunter, dass sie zu wenig an körperlichen Streicheleinheiten erfahren. Gönnen Sie sich heute ein intensives Fühlen! Achten Sie darauf, wie sich etwas anfühlt, z. B. die Bettdecke am Morgen, die Kleidung, die Sie wählen, Gegenstände, die Sie in der Hand halten. Was fühlt sich kühl an, was warm? Wie ist die Oberfläche? Was berühren Sie gerne, was ist unangenehm? Wie spüren Sie Ihre eigene Berührung? Streichen Sie mit der einen Hand über die andere und nehmen Sie sich dabei wahr! Von wem lassen Sie sich gerne berühren und weshalb? Auch mit den Füßen können Sie gut erfühlen. Ertasten Sie mit den Fußsohlen und Zehen, bei geschlossenen Augen, den Boden und andere Gegenstände. So einfach kann das Genießen mittels „Erfühlen“ sein.

14.7 Aus Liebe handeln

Die wichtigste Stunde ist immer die Gegenwart.
Der bedeutendste Mensch ist der,
der dir gerade gegenübersteht.
Und das schönste Werk ist stets die Liebe.
Blaise Pascal

Jeder der drei wertvollen Sätze verdient es, immer wieder erinnert zu werden. Ich liebe Stammbücher. Sie haben einen besonderen Wert: Zum einen beglücken sie uns mit guten Wünschen, also guter Energie. Zum anderen werden wir in jungen Jahren schon mit Weisheiten beschenkt, deren Bedeutung wir erst viel später verstehen.

Liebe ist die wunderbarste und stärkste aller Gefühlsqualitäten. Menschen, die in Liebe sind, ziehen uns an, tun uns gut, man würde in diesen Momenten am allerliebsten die ganze Welt umarmen. – Dazu lade ich Sie nun ein:

> Stellen Sie sich mit leicht gegrätschten Beinen hin, sodass Sie einen guten, festen Stand haben.
> Spüren Sie wieder den Boden unter Ihren Füßen, um auch zu merken, wie Sie von Mutter Erde getragen sind.
> Schließen Sie die Augen und atmen Sie einige Male tief durch.
> Gedanken, die Sie im Moment bewegen, ziehen an Ihnen vorbei. Halten Sie nichts fest. Lassen Sie kommen, was kommt, und gehen, was geht.
> Dann breiten Sie Ihre Arme aus, als wollten Sie jemanden umarmen.
> Stellen Sie sich vor, Sie umarmen dabei die ganze Welt.
> Lassen Sie Ihre offenen Arme ganz weit und lang werden, sodass Sie alles umfassen können.
> Schenken Sie der Welt den liebevollen Impuls einer herzlichen Umarmung.
> Verharren Sie eine Weile in dieser Haltung und atmen Sie dabei ruhig und gleichmäßig.
> Lassen Sie aus Ihrem Inneren Liebe in die Welt fließen.

Im Leben dreht sich alles um die Liebe, wir alle wollen wertgeschätzt, gemocht und **geliebt** werden. Viele Menschen laufen ein Leben lang der verwehrten Liebe und Zuwendung der Eltern nach. Unser gesamtes Tun konzentriert sich darauf, geliebt zu werden, deshalb funktionieren wir – im Sinne der anderen. „Liebe deinen Nächsten" – ein bedeutender Aspekt. Der erste Teil dieses Bibelzitates hängt jedoch vom zweiten Teil ab, nämlich: „wie dich selbst".

Wer sich selbst nicht liebt, kann auch keine Liebe weitergeben. Er kann nur funktionieren, aber nicht bedingungslos lieben.

Unser Blick, unsere Augen sind nach außen gerichtet, weshalb wir uns eben auf und durch das Äußere orientieren. Das bekannte Zitat von Saint-Exupéry (1998) aber sagt: „Man sieht nur mit dem Herzen gut. Das Wesentliche ist für die Augen unsichtbar." Beginnen wir also mit dem Blick nach innen. In einer Seminargruppe kamen wir zu dem schönen Ergebnis: Ich bin ich! Das soll mir mal jemand nachmachen!

Sie kennen sicher das Buch von Mira Lobe: Das kleine Ich bin Ich. Wenn nicht, dann sollten Sie es unbedingt lesen. Es ist ein Kinderbuch, aber für Erwachsene nicht minder bedeutsam. Es geht um unsere Einzigartigkeit und die damit verbundene Wertschätzung. Jeder Mensch ist einzigartig und ein Geschenk, welches uns oft erst bewusst wird, wenn es zu spät ist. Wenn jeder Mensch ein Geschenk ist, dann bin **ich** es auch. Über ein Geschenk freut man sich (außer es ist die 20. Vase oder die 100. Krawatte), man schätzt es, geht liebevoll und achtsam damit um. – Tun wir dies auch mit uns selber?

Eines der schönsten Komplimente an einen Menschen lautet: „Schön, dass es dich gibt!" Der Mensch ist ein liebens- und lobenswertes Wesen. Beides tut gut, beides brauchen wir, mehr noch, wir sehnen uns danach, so wie der Erwachsene, der heute noch der fehlenden Zuwendung und vermissten Zärtlichkeit seiner Eltern nachläuft – in dem Wissen, sie dort, wo er sie sucht, nie zu bekommen. Und die Paradoxie daran ist, dass er sie dann, wenn er sie andernorts bekommt, nicht annehmen will.

Unser Leben hat alles für uns parat. Wichtig ist es, das Leben anzunehmen. Unser Leben ist nicht linear zu sehen, sondern systemisch. Nicht immer bekommen wir von demjenigen, dem wir gerade gegeben haben, selbst wenn wir es so erhoffen oder sogar erwarten. Dafür bekommen wir von jemand anderem. Liebe und Erwartung sind außerdem kontraproduktiv. Die Buddhisten sehen in der Erwartung die Grundlage des Leids. Erwartung erzeugt Druck und Spannung, Liebe ist frei und ermöglicht dadurch Veränderung im positiven Sinn. Liebende Menschen haben Wünsche, aber keine Erwartungen, denn sobald sie Erwartungen haben, leben sie Hab-Sucht und dies läuft der Liebe zuwider.

Wenn ich Sie einlade, aus Liebe zu handeln, dann heißt dies auch:

- Gönnen Sie sich selber täglich liebevolle Zuwendung, z. B. indem Sie sich anerkennend auf die Schulter klopfen, weil Sie es verdient haben; oder indem Sie sich mit einem Blick in den Spiegel etwas Liebenswertes sagen.
- Achten Sie auch bei Ihren Mitmenschen auf das, was lobenswert erscheint, nehmen Sie es nicht als selbstverständlich, sprechen Sie es aus. Es genügt nicht, es nur zu bemerken – erst das Gehörte wirkt und es wirkt beidseitig. Lob und Anerkennung auszusprechen schafft ein positives energetisches Feld und erfreut alle, die sich darin bewegen.
- Machen Sie sich bewusst, dass Erwartungen enttäuscht werden. Lernen Sie „wünschen".
- Nehmen Sie den Blick des Herzens ein. Stellen Sie sich vor, wie ein liebender Mensch eine bestimmte Situation „sehen" würde.
- Machen Sie sich am Ende eines Tages ganz bewusst, wer oder was besonders liebenswert war, und vergessen Sie dabei nicht auf sich selber!
- Lieben und „danken" gehören zusammen.
- Hören Sie nie auf, an die Liebe zu glauben!

Literatur

Anders, Frieder (1991): Tai Chi Chuan. Meditation in Bewegung, 4. Auflage. Düsseldorf: Econ TB

Bauer, Joachim (2006): Warum ich fühle, was du fühlst. Intuitive Kommunikation und das Geheimnis der Spiegelneurone. 9. Auflage. Hamburg: Hoffmann und Campe

Berger, Hans (1929): Über das Elektroenzephalogramm des Menschen. In: Archiv für Psychiatrie 87, S. 527–570

Birkenbihl, Vera F. (1997): Erfolgstraining. Schaffen Sie sich Ihre Wirklichkeit selbst. 8. Auflage. Landsberg am Lech: mvg

Birkenbihl, Vera F. (2000): Das Birkenbihl Alpha-Buch. Neue Ein-Sicht-en gewinnen und im Leben umsetzen. Landsberg am Lech: mvg

Bölts, Johann (1997): Qigong – Heilung mit Energie. Eine altchinesische Gesundheitsmethode. Freiburg im Breisgau: Herder

Cohen, Kenneth (2008): Qigong. Grundlagen, Methoden, Anwendung. Frankfurt am Main: Scherz

Dalai Lama (2003): Der Weg zum sinnvollen Leben. Das Buch vom Leben und Sterben. Hrsg. v. Hopkins, Jeffrey. Freiburg, Basel, Wien: Herder

Dalai Lama (2005): Die Liebe – Quelle des Glücks. Hrsg. v. Hopkins, Jeffrey. Freiburg im Breisgau: Herder

Faller, Rolf (1986): Autogenes Training. Anwendung – Heilwirkungen – Methoden. Niedernhausen/Taunus: Falken

Fromm, Erich (1980): Die Kunst des Liebens. Stuttgart: Deutsche Verlagsanstalt

Fromm, Erich (1997): Haben oder Sein. Die seelischen Grundlagen einer neuen Gesellschaft. 25. Auflage. München: dtv

Gruber, Peter (2002): Die Kunst der Aggression. Emotionen und Energien bündeln und beherrschen. München: Wirtschaftsverlag Langen Müller/Herbig

Grün, Anselm (2006): Lass die Sorgen – Sei im Einklang. Einfach leben. 3. Auflage. Freiburg im Breisgau: Herder

http://de.wikipedia.org/wiki/Burnout-Syndrom (auch zu H. Freudenberger)

http://www.psychosoziale-gesundheit.net/psychiatrie/burnout.htm

http://www.gesund.co.at/GESUND/burnout.htm

Kaufmann, Rudolf A. (2002): Ängste, Phobien und andere unnötige Lasten. Energiefeld-Therapie als Anleitung zur Selbsthilfe. Heidelberg/Kröning: Asanger

Klein, Stefan (2007): Die Glücksformel oder Wie die guten Gefühle entstehen. Reinbek bei Hamburg: rororo

Konnerth, Tania (2008a): Aus der Schatzkiste des Lebens. Geschichten, die ein Lächeln schenken. Freiburg im Breisgau: Herder

Konnerth, Tania (2008b): Lass dich vom Leben verwöhnen. Kleine Genüsse im Alltag. Freiburg im Breisgau: Herder

Lerner, Harriet Goldhor (1990): Wohin mit meiner Wut? Neue Beziehungsmuster für Frauen. Frankfurt am Main: Fischer

Lindemann, Hannes (1994): Autogenes Training. Überleben im Stress. München: Heyne

Lorenzo, Laura (1994): Das kleine Lexikon der Farben. Einsatz und Wirkung von Farben im Alltag. Paderborn: Taoasis

Muths, Christa (1989): Farbtherapie. Mit Farben heilen – der sanfte Weg zur Gesundheit. Farben als Schlüssel zur Seele. München: Heyne

Peseschkian, Nossrat (1997a): Auf der Suche nach Sinn. Psychotherapie der kleinen Schritte. Frankfurt am Main: Fischer

Peseschkian, Nossrat (1997b): Der Kaufmann und der Papagei. Orientalische Geschichten als Medien in der Psychotherapie. 21. Auflage. Frankfurt am Main: Fischer

Peseschkian, Nossrat (1997c): Der nackte Kaiser. Oder: Wie man die Seele der Kinder versteht und heilt. Augsburg: Pattloch

Peseschkian, Nossrat (2006): Es Ist leicht, das Leben schwer zu nehmen: Aber schwer, es leicht zu nehmen. Klug ist jeder. Der eine vorher, der andere nachher. Geschichten und Lebensweisheiten. Freiburg im Breisgau: Herder

Rechtschaffen, Stephan (1998): Du hast mehr Zeit, als du denkst. Wie jeder für sich den idealen Lebensrhythmus findet. München: Goldmann

Saint-Exupéry, Antoine de (1998): Der kleine Prinz. 6. Auflage. Düsseldorf: Karl Rauch

Seiwert, Lothar J. (2005): Wenn du es eilig hast, gehe langsam. Mehr Zeit in einer beschleunigten Welt. Frankfurt, New York: Campus

Selye, Hans (1987): The Stress of Life. 17. Auflage. New York u. a.: McGraw-Hill

Sheehy, Gail (1996): New Passages. Mapping Your Life across Time. 2. Auflage. New York: Ballantine Books

Shreeve, C. & D. (1985): Hypnose als alternative Therapie. Was sie ist und wie sie wirkt. Stuttgart: Pietsch

Tai Chi (2000). Gesunde Bewegung und entspannende Meditation. Die chinesische Bewegungslehre für harmonisches Körperbewusstsein. Köln: Neuer Pawlak Verlag

Tepperwein, Kurt (1986): Kraftquelle Mentaltraining. Eine umfassende Methode, das Leben zu gestalten. Genf: Ariston

Thich Nhat Hanh (1993): Umarme deine Wut. Sutra der Vier Verankerungen der Achtsamkeit. 2. Auflage. Zürich, München: Theseus

Trenkle, Bernhard (2005): Das Aha!-Handbuch der Aphorismen und Sprüche für Therapie, Beratung und Hängematte. 2. Auflage. Heidelberg: Carl-Auer

Turrini, Peter (2002): Das NEIN. Ein paar Schritte zurück. Frankfurt am Main: Suhrkamp

Vienne, Veronique/Lennard, Erica (2000): Die Kunst, nichts zu tun. Einfache Wege, wieder Zeit für sich selbst zu finden. Bern, München, Wien: Scherz

Waldeck, Felicitas (2005): Jin Shin Jyutsu. Schnelle Hilfe durch auflegende Hände. 4. Auflage. Reinbek bei Hamburg: rororo

Wallner, Karin (2001): Autogenes Training in Theorie und Praxis. In: Hillebrand, Oskar/ Weintögl, Gerhard (Hrsg.): Handbuch für den Kurarzt. 3. Auflage. Wien: Verlagshaus der Ärzte

Work-Life-Balance Expert Group (Hrsg.) (2004): Work Life Balance. Leistung und Liebe leben. Frankfurt: Redline

Vielen lieben Dank!

Jetzt, zum Abschluss dieses Werkes erfasst mich so etwas wie Wehmut, Wehmut über das Beenden, das mich gleichzeitig mit einer eigenartigen Leere erfüllt. Mein Buch findet darin wohl seine Bestätigung. Wenn man etwas mit Enthusiasmus und Hingabe betrieben hat, darf man sich über die Fertigstellung freuen, gleichzeitig wird aber auch bewusst, dass diese Arbeit ihren Preis hat: Es wurde Energie verbraucht. Und was rate ich in dieser Situation? Genau, innehalten und Kraft tanken. Ich gönne mir nun einen einwöchigen Urlaub in Kalabrien und erlaube mir, die Zeit zu genießen!

Ich vermag dieses Werk aber nicht abzuschließen, ohne gebührend Danke zu sagen.

Ich bin „meinem Schicksal" dankbar. Ich bin glücklich, in meine Familie hineingeboren worden zu sein, um all das zu erleben, was ich erleben durfte und musste. Ich bin auf meinem Weg vielen „guten Geistern" begegnet, die mich gefördert, unterstützt, begleitet und geliebt haben. Aber genauso oft habe ich auch mit „Quälgeistern" zu tun gehabt, die mir als TrainingspartnerInnen viel an Erkenntnis ermöglicht haben.

Ich bedanke mich bei meinen SeminarteilnehmerInnen, die durch ihre Anregungen und kritischen Stellungnahmen viel zu diesem Buch beigetragen haben.

Auch meinen KlientInnen bin ich ausgesprochen dankbar dafür, dass sie mich Anteil nehmen und immer wieder mitlernen lassen.

Herzlicher Dank gilt meinen Freunden Waltraud und Hermann Hanetseder, die für das Bildmaterial zuständig sind.

Besonders liebevoll sage ich meinen Eltern Dank für alles, was sie bewusst oder auch unbewusst aus Liebe zu mir getan haben, meiner Tochter Eva-Christin, die mir sehr verständnisvoll für die Arbeit am Buch Zeit geschenkt hat. Ich freue mich auch, dass sie mir als Model für Qigong und Tai-Chi zur Verfügung gestanden ist und sie somit ihr Einverständnis zu diesem Werk signalisiert. Außerdem verdanke ich ihr ganz viele Erkenntnisse, die in diesem Buch festgehalten sind.

Und nicht zuletzt bedanke ich mich besonders liebevoll bei meinem Freund Fritz, der mir nicht nur die Angst vor dem PC nahm, indem er das von mir verursachte Chaos wieder in Ordnung brachte, sondern auch jederzeit mindestens ein Ohr für mich hatte. Er begleitete mich in meinen Gedanken, führte angeregte Diskussionen, die mir immer wieder weiterhalfen, und gab mir Energie durch seine Akzeptanz und Liebe.

Die Arbeit an diesem Buch und meine reflektierten bisherigen Lebenserfahrungen haben mir gezeigt, dass es einen richtigen Weg im Leben gibt, nämlich: den Weg der Liebe.

Mit Freude leichter lernen!

Wie lernt man als LehrerIn?

112 Seiten, 16,5 x 24 cm, 2-färbig
ISBN 978-3-7058-7552-4

Inwieweit können **Lerntechniken** den spezifischen Arbeits- und Lebensalltag von LehrerInnen erleichtern? Was brauchen PflichtschullehrerInnen, welche spezifischen Anforderungen stellt der Beruf an sie? Basierend auf **lernpsychologischen Erkenntnissen** befasst sich das Buch mit Themen, die **in Klassenraum und Konferenzzimmer** wichtig sind (Schülernamen merken, Unterrichtsorganisation ...), und dem Arbeitsplatz zu Hause. Eine Fülle von Tipps und Beispielen aus der Praxis bietet verlässliche Vorschläge und macht Lust aufs Ausprobieren.

Planen, unterrichten, beurteilen

112 Seiten, 16,5 x 24 cm, 2-färbig
ISBN 978-3-7058-7572-2

Vor allem LehrerInnen in den ersten Unterrichtsjahren und WiedereinsteigerInnen finden in diesem Band Anregungen, wie sie die **zentralen Anforderungen des Unterrichtens** für alle Beteiligten positiv meistern können. Die praxiserprobten Vorschläge regen zum Ausprobieren von Neuem und damit zur Erweiterung de Unterrichtsrepertoires an.

Folgende Themen werden behandelt:

- Vom Lehrplan zum Unterricht
- Techniken des Unterrichtens
- Leistungsbeurteilung

Gewalt ist keine Lösung!

112 Seiten, 16,5 x 24 cm, 2-färbig
ISBN 978-3-7058-7551-7

In diesem Buch finden Sie Anregungen, Hilfestellungen und Tipps, wie Sie die realen **Konflikte in Ihrer Klasse** und die **Gewalterfahrungen** Ihrer SchülerInnen wahrnehmen, verstehen und nachhaltig bearbeiten können. Der Autor geht auf die Bedeutung des Verhaltens der LehrerInnen, auf ihre Grenzen und ihren **Selbstschutz** ein und informiert über wichtige Aspekte der Entwicklungspsychologie der 10- bis 14-Jährigen. Zahlreiche Anregungen und Übungsvorschläge helfen Ihnen, sich **„Handwerkszeug"** für die konkreten Anlässe anzueignen.

Beruf: LehrerIn. Gratis-Online-Material!

Praktische Checklisten (für Arbeitsanweisungen, Diskussionen, Planungen ...) für den Unterrichtsalltag einfach downloaden unter: http://beruf-lehrerin.veritas.at

Weitere Titel aus der Reihe „Beruf LehrerIn":

978-3-7058-7610-1	**Kommunizieren, Lernen lehren, präsentieren**
978-3-7058-7555-5	**LehrerIn: Eine Persönlichkei mit Klasse**
978-3-7058-7923-2	**Selbstcoaching für LehrerInnen**

Sie können diese Materialien bei Ihrem Buchhändler oder im Verlag bestellen:

Rufen Sie einfach an, schicken Sie ein Fax oder ein E-Mail!
Tel. +43/(0)732/77 64 51/2280, Fax: +43/(0)732/77 64 51/2239, E-Mail: kundenberatung@veritas.at

VERITAS

www.veritas.at